16	3	2	13
5	10	11	8
9	6	7	12
4	15	14	1

Bertolt Brecht

POEMAS
1913-1956

Seleção e tradução
Paulo César de Souza

editora■34

EDITORA 34

Editora 34 Ltda.
R. Hungria, 592 Jardim Europa CEP 01455-000
São Paulo - SP Brasil Tel/Fax (11) 3811-6777 www.editora34.com.br

Copyright © Editora 34 Ltda. (edição brasileira), 2000
Bertolt Brecht: Gesammelte Werke in 20 Bänden (8-10)
© Suhrkamp Verlag, Frankfurt am Main, 1967

A FOTOCÓPIA DE QUALQUER FOLHA DESTE LIVRO É ILEGAL E CONFIGURA UMA
APROPRIAÇÃO INDEVIDA DOS DIREITOS INTELECTUAIS E PATRIMONIAIS DO AUTOR.

Edição conforme o Acordo Ortográfico da Língua Portuguesa.

Imagens da capa e 4ª capa:
Retratos de Bertolt Brecht por Konrad Ressler (1927) e Gerda Goedhardt (1953)
(cortesia de Sérgio de Carvalho)

Capa, projeto gráfico e editoração eletrônica:
Bracher & Malta Produção Gráfica

Revisão:
Alexandre Barbosa de Souza

1ª Edição - 1986, 4ª Edição - 1990 (Brasiliense, São Paulo),
5ª Edição - 2000, 6ª Edição - 2001 (5 Reimpressões),
7ª Edição - 2012 (3ª Reimpressão - 2021)

Catalogação na Fonte do Departamento Nacional do Livro
    (Fundação Biblioteca Nacional, RJ, Brasil)

	Brecht, Bertolt, 1898-1956
B829p	Poemas 1913-1956 / Bertolt Brecht; seleção e tradução de Paulo César de Souza — São Paulo: Editora 34, 2012 (7ª Edição).
	360 p.
	ISBN 978-85-7326-160-8
	1. Poesia alemã. I. Souza, Paulo César de. II. Título.

CDD - 831

POEMAS 1913-1956

1913-1926	7
Poemas do *Manual de devoção de Bertolt Brecht*	35
1926-1933	55
1933-1938	119
Dos *Poemas de Svendborg*	155
1938-1941	215
1941-1947	273
1947-1956	309
Cronologia da vida e da obra de Brecht	345
Esta edição	349
Índice dos poemas	352

1913-1926

A ÁRVORE EM FOGO

Na tênue névoa vermelha da noite
Víamos as chamas, rubras, oblíquas
Batendo em ondas contra o céu escuro.
No campo em morna quietude
Crepitando
Queimava uma árvore.

Para cima estendiam-se os ramos, de medo estarrecidos
Negros, rodeados de centelhas
De chuva vermelha.
Através da névoa rebentava o fogo.
Apavorantes dançavam as folhas secas
Selvagens, jubilantes, para cair como cinzas
Zombando, em volta do velho tronco.

Mas tranquila, iluminando forte a noite
Como um gigante cansado à beira da morte
Nobre, porém, em sua miséria
Erguia-se a árvore em fogo.

E subitamente estira os ramos negros, rijos
A chama púrpura a percorre inteira —
Por um instante fica erguida contra o céu escuro

E então, rodeada de centelhas
Desaba.

A LENDA DA PROSTITUTA EVLYN ROE

Quando veio a primavera e o mar ficou azul
A bordo chegou
Com a última canoa
A jovem Evlyn Roe.

Usava um pano sobre o corpo
Que era bonito, bem vistoso.
Não tinha ouro ou ornamento
Exceto o cabelo generoso.

"Seu Capitão, leve-me à Terra Santa
Tenho que ver Jesus Cristo."
"Venha junto, pois somos tolos, e é uma mulher
Como não temos visto."

"Ele recompensará. Sou uma pobre garota.
Minha alma pertence a Jesus."
"Então pode nos dar seu corpo!
Pois o seu senhor não pode pagar:
Ele já morreu, dizem que na cruz."

Eles navegaram com sol e vento
E Evlyn Roe amaram.
Ela comia seu pão e bebia seu vinho
E nisso sempre chorava.

Eles dançavam à noite, dançavam de dia
Não cuidavam do timão.
Evlyn Roe era tímida e suave:
Eles eram duros e sem coração.

A primavera se foi. O verão acabou.
Ela à noite corria, os pés em sujas sapatilhas
De um mastro a outro, olhando no breu
Procurando praias tranquilas
A pobre Evlyn Roe.

Ela dançava à noite, dançava de dia.
E ficou quase doente, cansada.
"Seu Capitão, quando chegaremos
À Cidade Sagrada?"

O capitão estava em seu colo
E sorrindo a beijou:
"De quem é a culpa, se nunca chegamos
Só pode ser de Evlyn Roe."

Ela dançava à noite, dançava de dia
Até ficar inteiramente esgotada.
Do capitão ao mais novo grumete
Todos estavam dela saciados.

Usava um vestido de seda
Com uns rasgões e remendos
E na fronte desfigurada tinha
Uma mecha de cabelos sebentos.

"Nunca Te verei, Jesus
Com esse corpo pecador.
A uma puta qualquer
Não podes dar Teu amor."

De um lado para outro corria
Os pés e o coração lhe começavam a pesar:
Uma noite, já quando ninguém via
Uma noite desceu para o mar.

Isto se deu no fim de janeiro
Ela nadou muito tempo no frio
A temperatura aumenta, os ramos florescem
Somente em março ou abril.

Abandonou-se às ondas escuras
Que a lavaram por dentro e por fora.
Chegará antes à Terra Sagrada
Pois o capitão ainda demora.

Ao chegar ao céu, já na primavera
S. Pedro, na porta, a recusou:
"Deus me disse: Não quero aqui
A prostituta Evlyn Roe."

E ao chegar ao inferno
O portão fechado encontrou:
O Diabo gritou: "Não quero aqui
A beata Evlyn Roe."

Assim vagou no vento e no espaço
E nunca mais parou
Num fim de tarde eu a vi passar no campo:
Tropeçava muito. Não encontrava descanso
A pobre Evlyn Roe.

HINO A DEUS

1

No fundo dos vales escuros morrem os famintos.
Mas você lhes mostra o pão e os deixa morrer.
Mas você reina eterno e invisível
Radiante e cruel, sobre o plano infinito.

2

Deixou os jovens morrerem, e os que fruíam a vida
Mas os que desejavam morrer, não permitiu...
Muitos daqueles que agora apodreceram
Acreditavam em você, e morreram confiantes.

3

Deixou os pobres pobres, ano após ano
Porque o desejo deles era mais belo que o seu céu
Infelizmente morreram antes que chegasse com a luz
Morreram bem-aventurados, no entanto — e apodreceram
               imediatamente.

4

Muitos dizem que você não existe e que é melhor assim.
Mas como pode não existir o que pode assim enganar?
Se tantos vivem de você, e de outro modo não poderiam morrer —
Diga-me, que importância pode ter então que você não exista?

1913-1926

"Ó FALLADAH, AÍ ESTÁS PENDURADO!"*

Puxando minha carroça, apesar da fraqueza
Cheguei até a Alameda Frankfurt.
Lá pensei: Oh, Jesus
Essa fraqueza! Se não me cuido
Pode acontecer que eu acabe na sarjeta.
Dez minutos depois restavam apenas os meus ossos na rua.

Mal acabara de cair, no chão o pescoço
(O cocheiro criou asas)
Já saíam correndo das casas
Pessoas famintas; um pedaço de carne queriam obter
Com facas arrancaram-me a carne do osso
E eu que ainda vivia, não havia terminado de morrer!

Mas eu os conhecia de antes, o povo!
Sacos para me proteger das moscas me traziam
Davam-me pão de ontem, e ao cocheiro diziam
Que me tratasse bem, davam-lhe conselhos.
Antes tão amigáveis, tão hostis hoje!
De repente assim mudados! Ah, o que aconteceu com eles?

Então me perguntei: Que frieza
Deve ter se apossado dessa gente!
Quem os trata tão malevolente
Que cada um se torne assim desprezível?
Ajudem-nos, portanto! E o façam com presteza!
Senão lhes acontecerá algo que os senhores não julgam possível!

* *Falladah* é o cavalo de um conto de Grimm. (N. do T.)

ALEMANHA, LOURA E PÁLIDA

Alemanha, loura e pálida
De nuvens selvagens e fronte suave!
Que aconteceu em teus céus silenciosos?
Agora és o lixo da Europa.

Abutres sobre ti!
Bestas rasgam teu corpo bom
Os moribundos te emporcalham com suas fezes
E a sua água
Molha teus campos. Campos!

Como eram suaves teus rios
Agora envenenados de anilina lilás.
Com os dentes as crianças
Arrancam teus cereais
Famintas

Mas a colheita flutua na
Água que fede!

Alemanha, loura e pálida
Terra de São Nunca! Cheia de
Bem-aventurados! Cheia de mortos!
Nunca mais, nunca mais
Baterá teu coração
Apodrecido, que vendeste
Conservado em salmoura
Em troca
De bandeiras.

1913-1926

Terra de lixo, monte de tristeza!
Vergonha sufoca a lembrança
E nos jovens que
Não arruinaste
Desperta a América!

SALMOS

CANÇÃO VESPERTINA DO SENHOR

Quando o vento azul da tarde desperta Deus Pai, ele vê o céu acima ficar pálido e sente prazer nele. Seus ouvidos são então alegrados pelo grande coral cósmico, ao qual se abandona:

    O grito das florestas inundadas, quase se afogando.
    O gemido das velhas casas de madeira marrom, sob o peso excessivo dos homens e dos móveis.
    A tosse seca dos campos esgotados, dos quais foi extraído o vigor.
    O gigantesco ruído intestinal com que o último mamute findou sua existência dura e feliz sobre a terra.
    As orações angustiadas das mães dos grandes homens.
    O rugido das geleiras do Himalaia, que se diverte na sua gélida solidão
    E o tormento de Bert Brecht, que não está bem.
    E ao mesmo tempo: as canções malucas das águas que sobem nas florestas.
    O suave respirar de gente que dorme, embalada por velhos assoalhos.
    O murmúrio extático dos campos de trigo, moinhos de orações.
    As grandes palavras dos grandes homens
    E as maravilhosas canções de Bert Brecht, que não está bem.

1913-1926

VISÃO NO BRANCO

1. À noite acordo banhado em suor com uma tosse que me aperta a garganta. Meu quarto é muito pequeno. Está cheio de arcanjos.

2. Eu sei: amei demais. Enchi corpos demais, usei muitos céus cor de laranja. Devo ser exterminado.

3. Os corpos brancos, os mais brancos entre eles, roubaram-me o calor, afastaram-se gordos de mim. Agora sinto frio. Cobrem-me com muitas camas, eu sufoco.

4. Desconfio que vão querer me fumigar com incenso. Meu quarto está inundado de água benta. Eles dizem que eu sofro de gota — de água benta. E isso é mortal.

5. Minhas amadas me trazem um pouco de cal nas mãos que eu beijei. Chega a conta dos céus laranja, dos corpos e do resto. Não posso pagar.

6. Melhor morrer. — Eu me reclino. Fecho os olhos. Os arcanjos aplaudem.

BALANÇO DOS BARCOS

1. Deve-se jogar para a frente os joelhos como uma prostituta real, como que pendurado de joelhos. Que são bem grandes. E quedas de morte purpúreas no céu nu, e voa-se para cima, um momento com o cóccix, outro com o rosto dianteiro. Estamos inteiramente nus, o vento tateia pelas vestes. Assim nascemos.

2. A música nunca cessa. Anjos tocam flautas de Pã numa roda que quase arrebenta. Voa-se no céu, sobre a terra, irmão Ar, irmão! Irmã Luz! O tempo passa e a música jamais.

3. Às onze da noite os balanços são fechados, para que Deus continue a se balançar.

CANTO DE UMA AMADA

1. Eu sei, amada: agora me caem os cabelos, nessa vida dissoluta, e eu tenho que deitar nas pedras. Vocês me veem bebendo as cachaças mais baratas, e eu ando nu no vento.

2. Mas houve um tempo, amada, em que era puro.

3. Eu tinha uma mulher que era mais forte que eu, como o capim é mais forte que o touro: ele se levanta de novo.

4. Ela via que eu era mau, e me amou.

5. Ela não perguntava para onde ia o caminho que era seu, e talvez ele fosse para baixo. Ao me dar seu corpo, ela disse: Isso é tudo. E seu corpo se tornou meu corpo.

6. Agora ela não está mais em lugar nenhum, desapareceu como uma nuvem após a chuva, eu a deixei, ela caiu, pois este era seu caminho.

7. Mas à noite, às vezes, quando me veem bebendo, vejo o rosto dela, pálido no vento, forte, voltado para mim, e me inclino no vento.

A MINHA MÃE

Quando ela acabou, foi colocada na terra
Flores nascem, borboletas esvoejam por cima...
Leve, ela não fez pressão sobre a terra
Quanta dor foi preciso para que ficasse tão leve!

TAMBÉM O CÉU

Também o céu às vezes desmorona
E as estrelas caem sobre a terra
Esmagando-a com todos nós.
Isto pode ser amanhã.

O NASCIDO DEPOIS

Eu confesso: eu
Não tenho esperança.
Os cegos falam de uma saída. Eu
Vejo.
Após os erros terem sido usados
Como última companhia, à nossa frente
Senta-se o Nada.

EPÍSTOLA SOBRE O SUICÍDIO

Matar-se
É coisa banal.
Pode-se conversar com a lavadeira sobre isso.
Discutir com um amigo os prós e os contras.
Um certo *pathos*, que atrai
Deve ser evitado.
Embora isto não precise absolutamente ser um dogma.
Mas melhor me parece, porém
Uma pequena mentira como de costume:
Você está cheio de trocar a roupa de cama, ou melhor ainda:
Sua mulher foi infiel
(Isto funciona com aqueles que ficam surpresos com essas coisas
E não é muito impressionante.)
De qualquer modo
Não deve parecer
Que a pessoa dava
Importância demais a si mesma.

NÃO SE DEVE SER CRÍTICO DEMAIS

Não se deve ser crítico demais.
Entre sim e não
Não é tão grande a diferença.
Escrever no papel em branco
É uma coisa boa, e também
Dormir e comer à noite.
A água fresca na pele, o vento
As roupas agradáveis
O ABC
A defecação.
Falar de corda em casa de enforcado
Não é apropriado.
E na lama
Ver uma clara diferença
Entre argila e marga
Não convém
Ah
Quem é capaz de imaginar
Um céu de estrelas
Esse
Bem poderia calar a boca.

MARIA

A noite de seu primeiro parto
Havia sido fria. Mas anos depois
Ela esqueceu inteiramente
A frieza nas vigas sujas e no forno fumegante
E o esforço ao expulsar a placenta, já de manhã.
Mas sobretudo esqueceu a amarga vergonha
De não poder estar só
Comum aos pobres.
Principalmente por essa razão
É que anos depois aquilo tornou-se uma festa
Com todos presentes.
A conversa rude dos pastores calou.
Depois tornaram-se reis na história.
O vento, que era muito frio
Transformou-se em coro de anjos.
Sim, do buraco no teto que deixava passar o gelo ficou apenas
A estrela que olhava através dele.
Tudo isso
Veio do rosto de seu filho, que era leve
Amava o canto
Chamava a si os pobres
E tinha o hábito de viver entre reis
E de ver sobre si uma estrela na hora da noite.

NÃO DIGO NADA CONTRA ALEXANDRE

Timur, ouvi dizer, deu-se ao trabalho de conquistar a terra.
Eu não o entendo:
Com um pouco de cachaça a gente esquece a terra.
Não digo nada contra Alexandre.
Apenas
Conheci pessoas nas quais
Era notável
Muito digno da vossa admiração
O fato de que
Simplesmente vivessem.
Os grandes homens transpiram suor demais.
Eu vejo em tudo apenas a prova
De que não aguentariam ser sós
E fumar
E beber
E coisas assim.
E devem ser muito mesquinhos
Para que lhes possa contentar
Fazer companhia a uma mulher.

1913-1926

O NÓ GÓRDIO

1

Quando o homem da Macedemônia
Com a sua espada
Cortou o nó, chamaram-no
Naquela noite em Gordium, "escravo
De sua fama".

Pois o nó era
Uma das raras maravilhas do mundo
Obra-prima de um homem cujo cérebro
(O mais intrincado do mundo!) não pudera
Deixar outro testemunho senão
Vinte cordões, emaranhados de modo a
Serem um dia desatados pela mais hábil
Mão do mundo! A mais hábil depois daquela
Que havia atado o nó. Ah, o homem
Cuja mão o atou
Planejava desatá-lo, porém
O seu tempo de vida, infelizmente
Foi bastante apenas para atar.

Um segundo bastou
Para cortá-lo.

Daquele que o cortou
Muitos disseram que
Esse fora o seu golpe mais feliz
O mais razoável, o menos nocivo.

Aquele desconhecido não era obrigado
A responder com seu nome
Por sua obra, que era semelhante
A tudo que é divino
Mas o imbecil que a destruiu
Precisou, como que por ordem superior
Proclamar seu nome e mostrar-se a um continente.

2

Se assim falaram em Gordium, eu digo:
Nem tudo difícil de se fazer é útil, e
É mais raro que baste uma resposta
Para eliminar uma questão do mundo
Que um ato.

SOBRE A MUDANÇA DA HUMANIDADE
PARA AS GRANDES CIDADES
NO INÍCIO DO TERCEIRO MILÊNIO

Muitos dizem que esse tempo é velho
Mas eu sempre soube que é um novo tempo
Eu lhes digo: não é por si mesmas
Que há vinte anos as casas nascem como montanhas de minério
Muitos mudam-se a cada ano para as cidades como se esperassem algo
E nos continentes risonhos
Fala-se que o grande e temido mar
É uma poça de água.

Eu morro hoje, mas tenho a certeza
De que as grandes cidades esperam agora o terceiro milênio
Ele começa, não há como detê-lo, hoje mesmo
Precisa apenas de um cidadão, e um único homem
Ou mulher basta.

É certo que muitos morrem nas reviravoltas
Mas o que significa um indivíduo ser esmagado por uma mesa
Quando as cidades se juntam:
Esse novo tempo dura talvez apenas quatro anos
Ele é o mais elevado que a humanidade recebe
Em todos os continentes veem-se homens estrangeiros
Os infelizes não mais são tolerados, pois
Ser homem é uma grande coisa.
A vida será considerada muito curta.

ESSA CONFUSÃO BABILÔNICA

Essa confusão babilônica das palavras
Vem de que são a língua
De decadentes.
O fato de não mais os entendermos
Vem de que não mais adianta
Entendê-los.
De que adianta
Contar aos mortos como teriam
Vivido melhor. Não procure mover
Um morto enrijecido
Fazê-lo perceber o mundo.
Não brigue
Com aquele pelo qual
Os jardineiros já esperam
Melhor ser paciente.

Recentemente quis
Contar-lhes com astúcia
A história de um comerciante de trigo
De Chicago. Em meio à palestra
Minha voz me deixou de repente
Pois eu havia
Subitamente percebido
Que esforço me custaria
Contar essa história aos ainda não nascidos
Que no entanto nascerão
E viverão em épocas bem diferentes
E — felizardos! — não mais poderão
Compreender o que é um comerciante de trigo
Assim como é entre nós.

Então comecei a explicar isso a eles. E no espírito
Parecia-me que falava durante sete anos
Mas deparei somente
Com um silencioso balançar da cabeça
Em meus ouvintes não nascidos.
Então percebi que
Falava de algo
Que um homem não pode entender.

Eles me disseram: Vocês deveriam
Ter mudado suas casas, sua comida
ou vocês. Diga-nos, não havia
Um modelo para vocês, mesmo que
Somente em livros de épocas anteriores
Modelos de homens, desenhados ou
Descritos, pois nos parece que
O seu motivo era mesquinho
Fácil de ser mudado, quase qualquer um
Podia percebê-lo como falso, desumano e sem igual.
Não havia um velho
Plano simples, pelo qual se
Orientassem em sua confusão?

E disse: Os planos existiam
Mas vejam, eles estavam cinco vezes
Cobertos com novos signos, ilegíveis
O modelo alterado cinco vezes, conforme
Nossa imagem degradada, de modo que
Nesses relatos mesmo nossos pais
Assemelhavam-se apenas a nós.
Com isso perderam o ânimo e me despacharam
Com o lamento displicente
De gente feliz.

O COMUNISTA TEATRAL

Um jacinto na lapela
Na Kurfürstendamm*
O jovem sente
O vazio do mundo.
Na latrina
Isto lhe parece claro: ele
Caga no vazio.

Cansado do trabalho
De seu pai
Ele mancha os cafés
Por trás dos jornais
Sorri perigosamente.
É ele que
Vai pisotear este mundo
Como uma bosta de vaca.

Por 3.000 marcos ao mês
Ele está disposto
A encenar a miséria das massas
Por 100 marcos ao dia
Ele mostra
A injustiça do mundo.

* Principal rua de Berlim. (N. do T.)

1913-1926

Poemas do *Manual de devoção de Bertolt Brecht*

APFELBÖCK, OU O LÍRIO NO CAMPO

1

O sol baixava quando Jakob Apfelböck
O pai e a mãe assassinou.
E após trancá-los no armário
Ficou em casa, sozinho que restou.

2

Muitas nuvens desfilaram no céu
Em torno à casa correu um vento de bonança
E dentro da casa ele permaneceu
Uma semana atrás somente uma criança.

3

Os dias se foram e também as noites
E nada acontecia, exceto o trivial
Junto a seus pais Jakob Apfelböck
Esperava apenas, o que viesse afinal.

4

A mulher da leiteria traz o leite
Leite gordo e bom, deixado atrás da porta
O que Jakob não bebe, deixa de lado
Pois ele bebe pouco, já não mais importa.

5

O jornaleiro ainda traz o jornal
Chega com passos firmes ao entardecer
E joga-o com barulho na caixa postal
Mas Jakob Apfelböck já não lê.

6

E quando o cheiro dos cadáveres a casa tomou
Jakob Apfelböck chorou e ficou doente
E chorando ele se retirou
Passou a dormir na varanda somente.

7

Disse o jornaleiro, ao chegar certa vez:
Que cheiro é esse, assim tão funerário?
Na luz fria da tarde respondeu Apfelböck:
É a roupa suja amontoada no armário.

8

A mulher do leite falou, por sua vez:
Que fedor é esse, como quando alguém falece?
Na luz fria da tarde respondeu Apfelböck:
É a carne de boi, que no armário apodrece.

9

E quando abriram a porta do armário
Apfelböck estava ao lado, na luz fraca do dia
E ao lhe perguntarem o porquê do seu ato
Ele respondeu simplesmente: não sabia.

10

A mulher do leite depois imaginava
Dizia: Será que o menino, quando rapaz
Jakob Apfelböck, será que um dia
Visitará a sepultura de seus pais?

A INFANTICIDA MARIE FARRAR

1

Marie Farrar, nascida em abril, menor
De idade, raquítica, sem sinais, órfã
Até agora sem antecedentes, afirma
Ter matado uma criança, da seguinte maneira:
Diz que, com dois meses de gravidez
Visitou uma mulher num subsolo
E recebeu, para abortar, uma injeção
Que em nada adiantou, embora doesse.
    Os senhores, por favor, não fiquem indignados.
    Pois todos nós precisamos de ajuda, coitados.

2

Ela porém, diz, não deixou de pagar
O combinado, e passou a usar uma cinta
E bebeu álcool, colocou pimenta dentro
Mas só fez vomitar e expelir
Sua barriga aumentava a olhos vistos
E também doía, por exemplo, ao lavar pratos.
E ela mesma, diz, ainda não terminara de crescer.
Rezava à Virgem Maria, a esperança não perdia.
    Os senhores, por favor, não fiquem indignados
    Pois todos nós precisamos de ajuda, coitados.

3

Mas as rezas foram de pouca ajuda, ao que parece.
Havia pedido muito. Com o corpo já maior
Desmaiava na Missa. Várias vezes suou
Suor frio, ajoelhada diante do altar.
Mas manteve seu estado em segredo
Até a hora do nascimento.
Havia dado certo, pois ninguém acreditava
Que ela, tão pouco atraente, caísse em tentação.
  Mas os senhores, por favor, não fiquem indignados
  Pois todos nós precisamos de ajuda, coitados.

4

Nesse dia, diz ela, de manhã cedo
Ao lavar a escada, sentiu como se
Lhe arranhassem as entranhas. Estremeceu.
Conseguiu no entanto esconder a dor.
Durante o dia, pendurando a roupa lavada
Quebrou a cabeça pensando: percebeu angustiada
Que iria dar à luz, sentindo então
O coração pesado. Era tarde quando se retirou.
  Mas os senhores, por favor, não fiquem indignados
  Pois todos nós precisamos de ajuda, coitados.

5

Mas foi chamada ainda uma vez, após se deitar:
Havia caído mais neve, ela teve que limpar.
Isso até a meia-noite. Foi um dia longo.
Somente de madrugada ela foi parir em paz.
E teve, como diz, um filho homem.
Um filho como tantos outros filhos.
Uma mãe como as outras ela não era, porém
E não podemos desprezá-la por isso.
  Mas os senhores, por favor, não fiquem indignados.
  Pois todos nós precisamos de ajuda, coitados.

6

Vamos deixá-la então acabar
De contar o que aconteceu ao filho
(Diz que nada deseja esconder)
Para que se veja como sou eu, como é você.
Havia acabado de se deitar, diz, quando
Sentiu náuseas. Sozinha
Sem saber o que viria
Com esforço calou seus gritos.
  E os senhores, por favor, não fiquem indignados
  Pois todos precisamos de ajuda, coitados.

7

Com as últimas forças, diz ela
Pois seu quarto estava muito frio
Arrastou-se até o sanitário, e lá (já não
sabe quando) deu à luz sem cerimônia
Lá pelo nascer do sol. Agora, diz ela
Estava inteiramente perturbada, e já com o corpo
Meio enrijecido, mal podia segurar a criança
Porque caía neve naquele sanitário dos serventes.
  Os senhores, por favor, não fiquem indignados
  Pois todos nós precisamos de ajuda, coitados.

8

Então, entre o quarto e o sanitário — diz que
Até então não havia acontecido — a criança começou
A chorar, o que a irritou tanto, diz, que
Com ambos os punhos, cegamente, sem parar
Bateu nela até que se calasse, diz ela.
Levou em seguida o corpo da criança
Para sua cama, pelo resto da noite
E de manhã escondeu-o na lavanderia.
  Os senhores, por favor, não fiquem indignados
  Pois todos nós precisamos de ajuda, coitados.

9

Marie Farrar, nascida em abril
Falecida na prisão de Meissen
Mãe solteira, condenada, pode lhes mostrar
A fragilidade de toda criatura. Vocês
Que dão à luz entre lençóis limpos
E chamam de "abençoada" sua gravidez
Não amaldiçoem os fracos e rejeitados, pois
Se o seu pecado foi grave, o sofrimento é grande.
    Por isso lhes peço que não fiquem indignados
    Pois todos nós precisamos de ajuda, coitados.

DA COMPLACÊNCIA DA NATUREZA

Ah, a jarra de leite espumante inda busca
A boca babosa e sem dentes do velho senhor.
Ah, na perna do assassino que foge
Esfrega-se o cão à procura de amor.

Ah, o homem que fora da aldeia abusa da criança
Ainda recebe dos olmos a sombra gentil.
E suas pegadas sangrentas, bandidos, graças
À poeira cega e risonha ninguém viu.

E também o vento, aos gritos náufragos no mar
Mistura o sussurro da folhagem na orla
E levanta cortês o avental pobre da moça
Para que o forasteiro com sífilis a aprecie melhor.

E à noite o gemido fundo e lascivo da mulher
Cobre o choro da criança no canto do quarto.
E na mão que bateu no menino cai carinhosa
A maçã da árvore mais exuberante de um ano farto.

Ah, como brilha o olho claro da criança
Vendo o pai deitar à terra o boi e sacar o punhal!
E como arfam as mulheres o peito onde mamaram seus filhos
Vendo as tropas cruzarem a vila ao som da banda marcial.

Ah, nossas mães têm seu preço, nossos filhos se aviltam
Pois os marujos do barco que afunda anseiam qualquer pedaço de chão
E o moribundo só implora do mundo poder ainda lutar e
Alcançar o canto do galo e enxergar da aurora o primeiro clarão.

DA AMABILIDADE DO MUNDO

1

Numa noite fria, nessa terra crua
Cada qual nasceu, uma criança nua.
E ali ficou, criatura sem dono
Quando uma mulher o envolveu num pano.

2

Ninguém o chamou, não era necessário.
Para trazê-lo não houve emissário.
Era um desconhecido, ser sem proteção
Quando um homem o tomou pela mão.

3

Numa noite fria, nessa terra crua
Cada qual leva a morte que é sua.
Cada homem certamente amou a vida
Coberto por palmos de terra batida.

SUBINDO EM ÁRVORES

1

No fim da tarde, ao sair da água —
Pois devem estar nus, e a pele deve estar macia —
Subam ainda em suas grandes árvores
No vento leve. O céu deve estar pálido.
Escolham grandes árvores, das que à noite
Lentamente, negramente embalam suas copas.
E esperem pela noite na folhagem
Com visões e morcegos em volta!

2

As pequenas folhas duras dos arbustos
Arranham-lhes as costas, que vocês
Dirigem com firmeza entre os galhos; assim escalam
Gemendo um pouco, mais alto na ramagem.
É tão bom balançar-se na árvore!
Mas não devem balançar com os joelhos
Devem ser para a árvore como a copa
Que há séculos, à noite, ela embala.

LISTA DE PREFERÊNCIAS DE ORGE

Alegrias, as desmedidas.
Dores, as não curtidas.

Casos, os inconcebíveis.
Conselhos, os inexequíveis.

Meninas, as veras.
Mulheres, insinceras.

Orgasmos, os múltiplos.
Ódios, os mútuos.

Domicílios, os temporários.
Adeuses, os bem sumários.

Artes, as não rentáveis.
Professores, os enterráveis.

Prazeres, os transparentes.
Projetos, os contingentes.

Inimigos, os delicados.
Amigos, os estouvados.

Cores, o rubro.
Meses, Outubro.

Elementos, os fogos.
Divindades, o Logos.

Vidas, as espontâneas.
Mortes, as instantâneas.

A GENTE DE CORTEZ

No sétimo dia, sob vento brando
Os campos ficaram límpidos. Como o sol estava bom
Pensaram em repousar. Fizeram descer
Aguardente dos carros, soltaram bois.
Que mataram à noite. Estando frio
Cortou-se lenha do pântano vizinho
Galhos grossos, nodosos, bons de queimar.
Então devoraram carne temperada
E às nove horas, cantando
Começaram a beber. A noite era fria e verde.
Com a garganta rouca, bêbados e fartos
Com um último, frio olhar às grandes estrelas
Adormeceram junto ao fogo, por volta da meia-noite.
Dormiram pesado, mas muitos de manhã lembravam
Ter ouvido os bois mugirem uma vez.
Despertos ao meio-dia, já estão na floresta.
Com olhos vítreos, membros pesados, gemendo
Erguem-se sobre os joelhos e veem espantados
Galhos grossos e nodosos à sua volta
Mais altos que um homem, bem emaranhados, com folhagem
E pequenos brotos de cheiro adocicado.
Já se sentem abafados sob seu teto
Que parece ficar mais espesso. O sol quente
Não mais se vê, também o céu não.
O capitão urra como um touro, pedindo machados.
Eles estão ali próximo, onde os bois mugem.
Não podem ser vistos. Amaldiçoando rudemente
Os homens tropeçam pelo retângulo, batendo-se
Na ramagem que rastejou entre eles.
Braços inertes, jogam-se selvagemente
Contra a vegetação, que ligeiramente estremece
Como se um vento brando a penetrasse de fora.

Depois de horas de trabalho, apoiam as frontes
Que brilham de suor, nos galhos estranhos.
Os galhos crescem e expandem lentamente
A horrível mescla. Mais tarde, à noite
Que é mais negra, na folhagem crescente
Ficam sentados em silêncio, angustiados, macacos
Em suas jaulas, enfraquecidos da fome.
Durante a noite cresceu a ramagem. Mas devia haver lua
Pois estava claro, ainda se viam.
Apenas de manhã a coisa se tornou tão espessa
Que não mais se viram até morrer.
No dia seguinte, um canto soou da floresta.
Amortecido, minguante. Provavelmente cantavam entre si.
À noite fez-se silêncio. Também os bois calaram.
Pela manhã foi como se animais urrassem
Mas bem distante. Depois vieram horas
Em que houve silêncio completo. Lentamente a floresta
No vento brando, no sol bom, quietamente
Comeu os campos, nas semanas seguintes.

RECORDAÇÃO DE MARIE A.

1

Naquele dia, num mês azul de setembro
Em silêncio, à sombra da ameixeira
Eu a tomei nos braços, amor pálido e
Quieto, como um sonho formoso.
E acima de nós, no belo céu do verão
Havia uma nuvem, que olhei longamente
Era bem alva, estava bem no alto
Ao olhar novamente, desapareceu.

2

Desde então muitas luas passaram
Mostrando no céu seu alvor
As ameixeiras foram talvez cortadas
E se me perguntas para onde foi o amor
Respondo: Não consigo lembrar.
Mas sim, sei o que queres dizer
Suas feições, porém, para sempre se foram
Sei apenas que naquele dia a beijei.

3

E mesmo o beijo, já o teria esquecido
Não fosse aquela nuvem no céu
Dela sei e sempre saberei:
Era bem alva, estava bem no alto.
As ameixeiras talvez ainda cresçam
E ela agora deve ter muitos filhos
Mas aquela nuvem cresceu alguns minutos
Ao olhar novamente, desapareceu.

CORAL DE AÇÃO DE GRAÇAS

1

Louvem a noite e a escuridão que os cercam!
Venham em grande número
Olhem no céu os cúmulos
O dia logo se encerra.

2

Louvem a grama e os bichos que a seu lado vivem e morrem!
Vejam como a vida
Também eles partilham
E juntamente com vocês morrem.

3

Louvem a árvore, que da podridão cresce em direção ao céu!
Louvem a podridão!
Louvem a árvore que dela se alimenta
Mas louvem igualmente o céu.

4

Louvem de coração a memória ruim do céu!
Que ele não guarda
Seu nome ou sua cara
Ninguém sabe ao que ainda é fiel.

Poemas do *Manual de devoção de Bertolt Brecht*

5

Louvem o frio, a treva e o que apodrece
Olhem o que é feito:
Nada lhes diz respeito
E podem calmamente morrer sem prece.

DO POBRE B. B.

1

Eu, Bertolt Brecht, venho da floresta negra.
Para a cidade minha mãe me carregou
Quando ainda vivia no seu ventre. O frio da floresta
Estará em mim até o dia em que eu me for.

2

Na cidade de asfalto estou em casa. Recebi
Desde o início todos os sacramentos finais:
Jornais, muito fumo e aguardente. Desconfiado
Preguiçoso e contente — não posso querer mais!

3

Sou amável com as pessoas. Uso
Um chapéu cartola segundo seu costume.
Digo: São animais de cheiro bem peculiar
E digo: Não faz mal, também tenho esse perfume.

4

Pelas manhãs, em minha cadeira de balanço
De vez em quando uma mulher faço sentar
E observando-a calmamente lhe digo:
Em mim você tem alguém em quem não pode confiar.

5

À noite, alguns homens se reúnem à minha volta
E entre nós, "gentlemen" é o tratamento vigente.
Colocam os pés sobre a minha mesa
Dizem: As coisas vão melhorar. E eu não pergunto: Realmente?

6

Na luz cinzenta da aurora os pinheiros urinam
E seus parasitas, os pássaros, começam o gorjeio.
Por essa hora eu na cidade entorno a bebida
Jogo fora o charuto e vou dormir com receio.

7

Habitamos, uma geração fácil
Em casas que acreditávamos eternas
(Assim construímos aquelas imensas caixas na ilha de Manhattan
E as antenas cujos sinais cruzam o mar como invisíveis lanternas).

8

Destas cidades ficará: o vento que por elas passa!
A casa faz alegre o conviva: ele a esvazia.
Sabemos que somos fugazes
E depois nada virá, somente poesia.

9

Nos terremotos que virão tenho esperança
De não deixar meu "Virginia" apagar com amargura
Eu, Bertolt Brecht, chegado há tempo na selva de asfalto
No ventre de minha mãe, vinda da floresta escura.

1926-1933

POEMAS DE UM MANUAL
PARA HABITANTES DAS CIDADES

1.

APAGUE AS PEGADAS

Separe-se de seus amigos na estação
De manhã vá à cidade com o casaco abotoado
Procure alojamento, e quando seu camarada bater:
Não, oh, não abra a porta
Mas sim
Apague as pegadas!

Se encontrar seus pais na cidade de Hamburgo ou em outro lugar
Passe por eles como um estranho, vire na esquina, não os reconheça
Abaixe sobre o rosto o chapéu que eles lhe deram
Não, oh, não mostre seu rosto
Mas sim
Apague as pegadas!

Coma a carne que aí está. Não poupe.
Entre em qualquer casa quando chover, sente em qualquer cadeira
Mas não permaneça sentado. E não esqueça seu chapéu.
Estou lhe dizendo:
Apague as pegadas!

O que você disser, não diga duas vezes.
Encontrando o seu pensamento em outra pessoa: negue-o.
Quem não escreveu sua assinatura, quem não deixou retrato
Quem não estava presente, quem nada falou
Como poderão apanhá-lo?
Apague as pegadas!

1926-1933

Cuide, quando pensar em morrer
Para que não haja sepultura revelando onde jaz
Com uma clara inscrição a lhe denunciar
E o ano de sua morte a lhe entregar
Mais uma vez:
Apague as pegadas!

(Assim me foi ensinado.)

2.

A QUINTA RODA

Estamos com você na hora em que percebe
Que é a quinta roda
E a esperança lhe deixa.
Mas nós
Ainda não percebemos.

Notamos
Que você conversa mais rapidamente
Procura uma palavra com que
Possa ir embora
Pois a questão para você
É não despertar a atenção.

Você se ergue no meio da frase
Diz irritado que quer ir
Nós dizemos: Fique! e percebemos
Que você é a quinta roda.
Mas você se senta.

E assim você fica conosco na hora
Em que percebemos que é a quinta roda.
Mas você
Não mais percebe.

1926-1933

Deixe que lhe diga: você é
A quinta roda
Não pense que eu, que lhe digo
Sou um patife
Não busque um machado, busque
Um copo d'água.

Sei que você não ouve mais
Mas
Não diga em voz alta que o mundo é ruim
Diga em voz baixa.

Pois as quatro não são demais
A quinta roda é
E o mundo não é ruim
É cheio.

(Isto você já ouviu dizer.)

3.

A CRONOS

Não queremos sair de sua casa
Não queremos destruir o fogão
Queremos pôr a panela no fogão.
Casa, fogão e panela podem permanecer
E você deve desaparecer como a fumaça no céu
Que ninguém segura.

Quando quiser se apegar a nós, iremos embora
Quando sua mulher chorar, esconderemos o rosto no chapéu
Mas quando vierem buscá-lo nós apontaremos para você
E diremos: deve ser ele.

Não sabemos o que virá, e nada temos de melhor
Mas a você não mais queremos.
Antes que se vá
Vamos cobrir as janelas, para que não amanheça.

Às cidades é permitido mudar
Mas a você não é permitido mudar.
As pedras queremos persuadir
Mas a você queremos matar
Não deve viver.
Não importa em que mentiras temos que crer:
Você não pode haver sido.

(Assim falamos com nossos pais.)

4.

Eu sei de que preciso.
Eu simplesmente olho no espelho
E vejo que devo
Dormir mais; o homem
Que tenho me prejudica.

Quando me ouço cantando, digo:
Hoje estou alegre; isso é bom para
A tez.

Eu me esforço
Em permanecer saudável e firme, mas
Não me cansarei; isso
Produz rugas.

Nada tenho para dar, mas
Minha ração me basta.
Eu como com cuidado; eu vivo
Lentamente; sou
Pelo caminho do meio.

(Assim vi gente se esforçar.)

12.

Inestimável é
Uma grande cabeça.
Ele faz aquilo que você também faria.
Ele faz bem menos do que o que você supõe!
Ele está a par.

Onde outros ainda veem uma saída
Ele desiste.
Em algo que traz dificuldades
Ele não acredita. Por que
Deveria algo do interesse geral
Trazer dificuldades?

Uma grande cabeça reconhece-se no fato
De que tem apetite para maçãs
Quando pessoas em número suficiente
Têm apetite para maçãs e
Há maçãs suficientes para todas.

Você é uma grande cabeça?
Então cuide para que a cidade cresça
A vida comercial floresça
E a humanidade se multiplique!

15.

Sempre que
Olho para este homem
Ele não bebeu e
Tem a mesma risada
Eu penso: as coisas melhoram.
A primavera vem; vem um bom tempo
O tempo que passou
Retornou
O amor começa novamente, breve
Será como antes.

Sempre
Após ter conversado com ele
Ele comeu e não vai embora
Fala comigo e
Está sem o chapéu
Eu penso: tudo vai ficar bom
O tempo de costume terminou
Pode-se falar
Com um sujeito, ele ouve
O amor começa novamente, breve
Será como antes.

A chuva
Não volta para cima.
Quando a ferida
Não dói mais
Dói a cicatriz.

TREZENTOS CULES ASSASSINADOS DEPÕEM A UMA INTERNACIONAL

> Um telegrama de Londres diz: "300 cules, que haviam sido aprisionados pelas tropas do Exército Branco chinês e deveriam ser transportados para Ping Chuen em vagões abertos, morreram de fome e frio durante a viagem."

Gostaríamos de ter ficado em nossas aldeias
Mas isto não nos deixaram.
E uma noite nos vagões nos empurraram.
E nem mesmo arroz pudemos trazer.

Num vagão fechado não pudemos viajar
Precisavam deles para os bois, que não suportam o frio.
E porque o agasalho nos fizeram tirar
Sofremos bastante com o vento, no caminho.

Muitas vezes perguntamos para quê nos queriam.
Os soldados que nos guardavam, porém, nada sabiam.
Disseram que soprássemos as mãos para não enrijecer.
Nosso destino nunca pudemos saber.

Na última noite paramos frente aos portões de um forte.
Ao perguntar quando entraríamos, disseram: a qualquer momento.
Era o terceiro dia. Durante a noite congelamos até a morte.
Faz muito frio para gente pobre neste nosso tempo.

1926-1933

CANTO DAS MÁQUINAS

1

Alô, queremos falar com a América
Através do Oceano Atlântico com as grandes
Cidades da América, alô!
Perguntamo-nos em que língua
Deveríamos falar, para que
Nos entendessem
Mas agora temos juntos nossos cantores
Que são compreendidos aqui e na América
E em toda parte do mundo.
Alô, ouçam o que nossos cantores cantam, nossos astros negros
Alô, escutem quem canta para nós...

As máquinas cantam.

2

Alô, estes são nossos cantores, nossos astros negros
Eles não cantam bonito, mas cantam no trabalho
Enquanto fazem luz para vocês eles cantam
Enquanto fazem roupas, fogões e discos
Cantam.
Alô, cantem mais uma vez, agora que estão aqui
Sua pequena canção através do Oceano Atlântico
Com sua voz que todos entendem.

As máquinas repetem seu canto.

Isto não é o vento nas árvores, meu menino
Não é uma canção para a estrela solitária
É o bramido selvagem da nossa labuta diária
Nós o amaldiçoamos e o elegemos
Pois é a voz de nossas cidades
É a canção que em nós cala fundo
É a linguagem que entendemos
Em breve a língua-mãe do mundo.

O DINHEIRO

> Diante do florim, criança, não tenha medo
> Pelo florim, criança, você deve ansiar.
>
> Wedekind

Ao trabalho não o quero seduzir.
Para o trabalho o homem não foi feito.
Mas do dinheiro não se pode prescindir!
Pelo dinheiro é preciso ter respeito!

O homem para o homem é uma caça.
Grande é a maldade no mundo inteiro.
Por isso junte bastante, mesmo com trapaça
Pois ainda maior é o amor ao dinheiro.

Com dinheiro, a você todos se apegam.
É tão bem-vindo como a luz do sol.
Sem dinheiro, os próprios filhos o renegam:
Você não vale mais que um caracol.

Com dinheiro não precisa baixar a cabeça!
Sem dinheiro é mais difícil a fama.
Dinheiro faz com que o melhor aconteça.
Dinheiro é verdade. Dinheiro é flama.

O que seu bem disser, pode acreditar.
Mas sem dinheiro não busque seu mel.
Sem dinheiro ela lhe será roubada.
Somente um cão lhe será fiel.

Os homens colocam o dinheiro em grande altura
Acima do filho de Deus, o Herdeiro.
Querendo roubar a paz de um inimigo já na sepultura
Escreva em sua laje: Aqui Jaz Dinheiro.

ESSE DESEMPREGO!

Meus senhores, é mesmo um problema
Esse desemprego!
Com satisfação acolhemos
Toda oportunidade
De discutir a questão.
Quando queiram os senhores! A todo momento!
Pois o desemprego é para o povo
Um enfraquecimento.

Para nós é inexplicável
Tanto desemprego.
Algo realmente lamentável
Que só traz desassossego.
Mas não se deve na verdade
Dizer que é inexplicável
Pois pode ser fatal
Dificilmente nos pode trazer

A confiança das massas
Para nós imprescindível.
É preciso que nos deixem valer
Pois seria mais que temível
Permitir ao caos vencer
Num tempo tão pouco esclarecido!
Algo assim não se pode conceber
Com esse desemprego!

1926-1933

Ou qual a sua opinião?
Só nos pode convir
Esta opinião: o problema
Assim como veio, deve sumir.
Mas a questão é: nosso desemprego
Não será solucionado
Enquanto os senhores não
Ficarem desempregados!

CONSELHO À ATRIZ C. N.

Refresca-te, irmã, na água
Da pequena tigela de cobre com pedacinhos de gelo —
Abre os olhos sob a água, lava-os —
Enxuga-te com a toalha áspera e lança
Um olhar num livro que amas.
Começa assim
Um dia belo e útil.

CANÇÃO DE FUNDAÇÃO
DO NATIONAL DEPOSIT BANK

Sim, fundar um banco
Todos devem achar correto
Não podendo herdar fortuna
É preciso juntá-la de algum jeito.
Para isso as ações são melhores
Do que faca ou revólver.
Mas uma coisa é fatal
É preciso capital inicial.
E não havendo o dinheiro
Onde obter, senão roubando?
Ah, sobre isso não vamos discutir
Onde o obtiveram os outros bancos?
De algum lugar ele veio
De alguém ele foi tirado.

QUEM SE DEFENDE

Quem se defende porque lhe tiram o ar
Ao lhe apertar a garganta, para este há um parágrafo
Que diz: ele agiu em legítima defesa. Mas
O mesmo parágrafo silencia
Quando vocês se defendem porque lhes tiram o pão.
E no entanto morre quem não come, e quem não come o suficiente
Morre lentamente. Durante os anos todos em que morre
Não lhe é permitido se defender.

QUEM NÃO SABE DE AJUDA

Como pode a voz que vem das casas
Ser a da justiça
Se nos pátios estão os desabrigados?

Como pode não ser um embusteiro aquele que
Ensina aos famintos outras coisas
Que não a maneira de abolir a fome?

Quem não dá o pão ao faminto
Quer a violência

Quem na canoa não tem
Lugar para os que se afogam
Não tem compaixão.

Quem não sabe de ajuda
Que cale.

COM CUIDADO EXAMINO

Com cuidado examino
Meu plano: ele é
Grande, ele é
Irrealizável.

CANÇÃO DO ESPORTE

Vindo das habitações cheias
Das ruas escuras de cidades em conflito
Vocês se encontram
Para juntos lutar.
E aprendem a vencer.

Com os centavos da privação
Compraram as canoas
O dinheiro para o transporte
Pouparam do alimento.
Aprendam a vencer!

Saindo da luta extenuante pelo necessário
Por algumas horas
Vocês se encontram
Para juntos lutar.
Aprendam a vencer!

A PRIMAVERA

1

A primavera chega.
O jogo dos sexos se renova
Os amantes se procuram.
Um toque gentil da mão do seu amado
Faz o peito da moça estremecer.
Dela, um simples olhar o seduz.

2

Sob nova luz
Aparece a paisagem aos amantes na primavera.
Numa grande altura são vistos
Os primeiros bandos de pássaros.
O ar se torna cálido.
Os dias se tornam longos
E os campos ficam claros por longo tempo.

3

Desmedido é o crescimento
Das árvores e pastagens da primavera.
Incessantemente fecunda
É a floresta, e os prados e os jardins.
A terra faz nascer o novo
Sem medo.

BALADA DA GOTA D'ÁGUA NO OCEANO

1

O verão chega, e o céu do verão
Ilumina também vocês.
Morna é a água, e na água morna
Também vocês se banham.
Nos prados verdes vocês
Armaram suas barracas. As ruas
Ouvem os seus cantos. A floresta
Acolhe vocês. Logo
    É o fim da miséria? Há alguma melhora?
    Tudo dá certo? Chegou então sua hora?
    O mundo segue seu plano? Não:
    É só uma gota no oceano.

2

A floresta acolheu os rejeitados. O céu bonito
Brilha sobre desesperançados. As barracas de verão
Abrigam gente sem teto. A gente que se banha na água morna
Não comeu. A gente
Que andava na estrada apenas continuou
Sua incessante busca de trabalho.
    Não é o fim da miséria. Não há melhora.
    Nada vai certo. Não chegou sua hora.
    O mundo não segue seu plano:
    É só uma gota no oceano.

3

Vocês se contentarão com o céu luminoso?
Não mais sairão da água morna?
Ficarão retidos na floresta?
Estarão sendo iludidos? Sendo consolados?
O mundo espera por suas exigências.
Precisa de seu descontentamento, suas sugestões.
O mundo olha para vocês com um resto de esperança.
     É tempo de não mais se contentarem
     Com essas gotas no oceano.

ACREDITE APENAS

Acredite apenas no que seus olhos veem e seus ouvidos ouvem!

Também não acredite no que seus olhos veem e seus ouvidos ouvem!

Saiba também que não crer algo significa algo crer!

O ABRIGO NOTURNO

Soube que em Nova Iorque
Na esquina da Rua 26 com a Broadway
Todas as noites do inverno há um homem
Que arranja abrigo noturno para os que ali não têm teto
Fazendo pedidos aos passantes.

O mundo não vai mudar com isso
As relações entre os homens não vão melhorar
A era da exploração não vai durar menos
Mas alguns homens têm um abrigo noturno
Por uma noite o vento é mantido longe deles
A neve que cairia sobre eles cai na calçada.
Não ponha de lado o livro, você que me lê.

Alguns homens têm um abrigo noturno
Por uma noite o vento é mantido longe deles
A neve que cairia sobre eles cai na calçada
Mas o mundo não vai mudar com isso
As relações entre os homens não vão melhorar
A era da exploração não vai durar menos.

EU, QUE NADA MAIS AMO

Eu, que nada mais amo
Do que a insatisfação com o que se pode mudar
Nada mais detesto
Do que a insatisfação com o que não se pode mudar.

SOUBE QUE VOCÊS NADA QUEREM APRENDER

Soube que vocês nada querem aprender
Então devo concluir que são milionários.
Seu futuro está garantido — à sua frente
Iluminado. Seus pais
Cuidaram para que seus pés
Não topassem com nenhuma pedra. Neste caso
Você nada precisa aprender. Assim como é
Pode ficar.

Havendo ainda dificuldades, pois os tempos
Como ouvi dizer, são incertos
Você tem seus líderes, que lhe dizem exatamente
O que tem a fazer, para que vocês estejam bem.
Eles leram aqueles que sabem
As verdades válidas para todos os tempos
E as receitas que sempre funcionam.
Onde há tantos a seu favor
Você não precisa levantar um dedo.
Sem dúvida, se fosse diferente
Você teria que aprender.

DE TODAS AS OBRAS

De todas as obras humanas, as que mais amo
São as que foram usadas.
Os recipientes de cobre com as bordas achatadas e com mossas
Os garfos e facas cujos cabos de madeira
Foram gastos por muitas mãos: tais formas
São para mim as mais nobres. Assim também as lajes
Em volta das velhas casas, pisadas e
Polidas por muitos pés, e entre as quais
Crescem tufos de grama: estas
São obras felizes.

Admitidas no hábito de muitos
Com frequência mudadas, aperfeiçoam seu formato e tornam-se
                valiosas
Porque delas tantos se valeram.
Mesmo as esculturas quebradas
Com suas mãos decepadas, me são queridas. Também elas
São vivas para mim. Deixaram-nas cair, mas foram carregadas.
Embora acidentadas, jamais estiveram altas demais.
As construções quase em ruína
Têm de novo a aparência de incompletas
Planejadas generosamente: suas belas proporções
Já podem ser adivinhadas; ainda necessitam porém
De nossa compreensão. Por outro lado
Elas já serviram, sim, já foram superadas. Tudo isso
Me contenta.

SOBRE A MANEIRA DE CONSTRUIR OBRAS DURADOURAS

I

1

Quanto tempo
Duram as obras? Tanto quanto
Ainda não estão completas.
Pois enquanto exigem trabalho
Não entram em decadência.

Convidando ao trabalho
Retribuindo a participação
Sua existência dura tanto quanto
Convidam e retribuem.

As úteis
Requerem gente
As artísticas
Têm lugar para a arte
As sábias
Requerem sabedoria
As duradouras
Estão sempre para ruir
As planejadas com grandeza
São incompletas.

Ainda imperfeitas
Como o muro que espera pela hera
(Ele foi incompleto
Há muito, antes de vir a hera, nu!)
Ainda pouco sólida
Como a máquina que é utilizada
Mas não satisfaz
Mas é promessa de uma melhor
Assim deve ser construída
A obra para durar
Como a máquina cheia de defeitos.

2

Assim também os jogos que inventamos
São incompletos, esperamos;
E os objetos que servem para jogar
O que são eles sem as marcas
De muitos dedos, aqueles lugares aparentemente danificados
Que produzem a nobreza da forma;
E também as palavras cujo sentido
Muitas vezes mudou
Com os que as usaram.

3

Nunca ir adiante sem primeiro
Voltar para checar a direção!
Os que perguntam são aqueles
A quem darás resposta, mas
Os que te ouvirão são aqueles
Que farão as perguntas.

Quem falará?
O que ainda não falou.
Quem entrará?
O que ainda não entrou.
Aqueles cuja posição parece insignificante
Quando se olha para eles

Estes são
Os poderosos de amanhã
Os que necessitam de ti, esses
Deverão ter o poder.

Quem dará duração às obras?
Os que viverão no tempo delas.
Quem escolher como construtores?
Os ainda não nascidos.

Não deves perguntar: como serão eles? Mas sim
Determinar.

II

Se deve ser dito algo que não será compreendido imediatamente
Se for dado um conselho cuja aplicação toma tempo
Se a fraqueza dos homens é temida
A perseverança dos inimigos, as catástrofes que tudo destroem
Então deve-se dar às obras uma longa duração.

III

O desejo de fazer obras de longa duração
Nem sempre deve ser saudado.
Quem se dirige aos não nascidos
Muitas vezes nada faz pelo nascimento.
Não luta e no entanto quer a vitória.
Não vê inimigo
A não ser o esquecimento.

Por que deveria todo vento durar eternamente?
Uma boa sentença pode ser lembrada
Enquanto retornar a ocasião
Em que foi boa.
Certas experiências, transmitidas em forma perfeita
Enriquecem a humanidade
Mas a riqueza pode se tornar demasiada
Não só as experiências
Também as lembranças envelhecem.

Por isso o desejo de emprestar duração às obras
Nem sempre deve ser saudado.

NÃO DESPERDICEM UM SÓ PENSAMENTO

1

Não desperdicem um só pensamento
Com o que não pode mudar!
Não levantem um dedo
Para o que não pode ser melhorado!
Com o que não pode ser salvo
Não vertam uma lágrima! Mas
O que existe distribuam aos famintos
Façam realizar-se o possível e esmaguem
Esmaguem o patife egoísta que lhes atrapalha os movimentos
Quando retiram do poço seu irmão, com as cordas que existem em
    abundância.
Não desperdicem um só pensamento com o que não muda!
Mas retirem toda a humanidade sofredora do poço
Com as cordas que existem em abundância!

2

Que triunfo significa o que é útil!
Mesmo o alpinista sem amarras, que nada prometeu a ninguém,
    somente a si mesmo
Alegra-se ao alcançar o topo e triunfar
Porque sua força lhe foi útil ali, e portanto também o seria
Em outro lugar. E depois dele vêm os homens
Arrastando seus instrumentos e suas medidas ao pico agora escalável
Instrumentos que avaliam o tempo para os camponeses e para os
    aviões.

1926-1933

3

Aquele sentimento de participação e triunfo
De que somos tomados ante as imagens da revolta no encouraçado
 Potemkin
No instante em que os marinheiros jogam seus algozes na água
É o mesmo sentimento de participação e triunfo
Ante as imagens que nos mostram o primeiro voo sobre o Polo Sul.

Eu presenciei como
Mesmo os exploradores foram tomados por aquele sentimento
Diante da ação dos marinheiros revolucionários: assim
Até mesmo a escória participou
Da irresistível sedução do Possível, e das severas alegrias da Lógica.

Assim como os técnicos desejam por fim dirigir na velocidade máxima
O carro sempre aperfeiçoado e construído com tamanho esforço
Para dele extrair tudo o que possui, e o camponês deseja
Retalhar a terra com o arado novo, assim como os construtores de
 ponte
Querem largar a draga gigante sobre o cascalho do rio
Também nós desejamos dirigir ao máximo e levar ao fim
A obra de aperfeiçoamento deste planeta
Para toda a humanidade vivente.

OS BOLCHEVIQUES DESCOBREM NO VERÃO DE 1917, NO SMOLNY, ONDE O POVO ESTAVA REPRESENTADO: NA COZINHA

Quando a Revolução de Fevereiro havia terminado e o movimento das
        massas
Estava parado
A guerra ainda não havia chegado ao fim. Os camponeses
Estavam sem terra, os operários eram oprimidos e passavam fome.
Mas os sovietes eram eleitos por todos e representavam alguns poucos.
Quando tudo permanecia como antes e nada mudava
Os bolcheviques andavam nos sovietes como criminosos
Pois continuavam exigindo que as armas
Fossem apontadas contra o verdadeiro inimigo do
Proletariado: os dominadores.
Eram tidos como traidores, considerados contrarrevolucionários
Representantes de bandidos. O seu líder Lênin
Chamado de espião mercenário, escondia-se num celeiro.
Para onde olhavam, os olhares
Desviavam, silêncio os recebia.
Viam as massas marcharem sob outras bandeiras.
Erguia-se a burguesia dos generais e comerciantes
E a causa dos bolcheviques parecia perdida.
Durante esse tempo eles trabalharam como de costume
Sem dar atenção à algazarra e sem se abater com a franca deserção
Daqueles por quem lutavam. Continuaram, sim
Tomando o partido dos mais pobres
Com esforços sempre renovados.
E atentaram, segundo seu próprio relato, para coisas desse tipo:
Na cantina do Smolny observaram que
Quando a comida, sopa de repolho e chá, era servida
O garçom do Comitê Executivo, um soldado
Oferecia aos bolcheviques um chá mais quente e
Pão com mais manteiga, e ao servir
Evitava olhar para eles. Então perceberam:
Simpatizava com eles e escondia isso

1926-1933

Dos superiores, e assim também todo o pessoal inferior
Do Smolny, guardas, mensageiros, sentinelas,
Inclinava-se visivelmente a favor deles.
E quando viram isso disseram:
"Nossa causa está ganha pela metade".
Pois o menor movimento por parte dessa gente
Afirmação ou olhar, mas também silêncio e desvio do olhar
Era para eles importante. E por essa gente
Serem considerados amigos — este o seu objetivo maior.

A INTERNACIONAL

Camaradas relatam:
Junto à montanha de Pamir
Encontramos uma mulher, diretora de uma criação de bicho-da-seda
Que tem convulsões sempre que ouve
A Internacional. Ela contou:
Na guerra civil seu marido era
Líder de um grupo de guerrilheiros. Bastante ferido
Deitado em uma barraca, foi traído. Levando-o preso
Gritavam os Guardas Brancos: Não mais cantarás
A tua Internacional! E diante de seus olhos
Violentaram sua mulher sobre a cama.
Então o homem começou a cantar.
E cantou a Internacional
Também quando mataram a criança menor
E parou de cantar
Quando lhe mataram o filho
E ele parou de viver. Desde esse dia
Diz a mulher, ela tem convulsões
Ao ouvir a Internacional.
E, ela conta, foi difícil
Encontrar nas Repúblicas Soviéticas um lugar de trabalho
Onde ela não fosse cantada
Pois de Moscou a Pamir
Não é possível hoje em dia
Fugir à Internacional.
Mas um pouco mais raramente
É ouvida em Pamir.
E continuamos a falar sobre seu trabalho.
Ela contou que até então o distrito
Havia cumprido o Plano somente até a metade.
Mas o lugar já estava inteiramente transformado
Irreconhecível, torna-se cada dia mais familiar

1926-1933

Muita gente nova produz
Trabalho novo, novo descanso
E no próximo ano o plano
Será talvez ultrapassado
E quando isso acontecer uma fábrica
Será construída: quando estiver construída
Bem, diz ela, neste dia eu
Cantarei a Internacional.

QUANDO O FASCISMO SE TORNAVA CADA VEZ MAIS FORTE

Quando o fascismo se tornava cada vez mais forte na Alemanha
E mesmo trabalhadores o apoiavam em massa
Dissemos a nós mesmos: Nossa luta não foi correta.
Pela nossa Berlim vermelha andavam em pequenos grupos
Nazistas em novos uniformes, abatendo
Nossos camaradas.
Mas caiu gente nossa e gente da bandeira do Reich.
Então dissemos aos camaradas do SPD:
Devemos aceitar que matem nossos camaradas?
Lutem conosco numa união antifascista!
Recebemos como resposta:
Poderíamos talvez lutar ao seu lado, mas nossos líderes
Nos advertem para não usar terror vermelho contra o branco.
Diariamente, dissemos, nosso jornal combateu os atos de terror
Mas diariamente também escreveu que só venceremos
Através de uma Frente Unida vermelha.
Camaradas, reconheçam agora que esse "mal menor"
Que ano após ano foi usado para afastá-los de qualquer luta
Logo significará ter que aceitar os nazistas.
Mas nas fábricas e nas filas de desempregados
Vimos a vontade de lutar dos proletários.
Também na zona leste de Berlim os social-democratas
Saudaram-nos com as palavras "Frente Vermelha!" e já usavam o
        emblema
Do movimento antifascista. Os bares
Ficavam cheios nas noites de debates.
E então nenhum nazista mais ousou
Andar sozinho por nossas ruas
Pois as ruas pelo menos são nossas
Depois que eles nos roubaram as casas.

1926-1933

COMETEMOS UM ERRO

Você parece ter dito que nós
Cometemos um erro, e por isso
Quer nos deixar.

Você parece ter dito: se
O meu olho me incomoda
Eu o arranco.
Com isso quis de todo modo sugerir
Que se sente ligado a nós
Como um homem se sente ligado
A seu olho.

Isso é bonito de sua parte, camarada, mas
Permita-nos chamar sua atenção para o seguinte:
O homem, nessa imagem, somos nós
Você é apenas o olho.
E onde já se ouviu dizer que o olho
Caso o homem que o possui cometa um erro
Simplesmente se afaste?
Onde viverá então?

PERDA DE UM HOMEM PRECIOSO

Você perdeu um homem precioso.
O fato de ele se afastar de você não significa
Que não seja precioso. Admita:
Você perdeu um homem precioso.

Você perdeu um homem precioso.
Ele se afastou porque você serve a uma boa causa
E juntou-se a uma sem valor. No entanto admita:
Você perdeu um homem precioso.

POR MUITO TEMPO PROCUREI A VERDADE

1

Por muito tempo procurei a verdade sobre a vida dos homens entre si
Esta vida é muito complicada e difícil de compreender
Trabalhei duramente para compreendê-la, e então
Disse a verdade, como a encontrei.

2

Quando havia dito a verdade tão difícil de encontrar
Era uma verdade comum, que muitos disseram
(E nem todos acham tão difícil).

3

Pouco depois vieram pessoas em grande número, com pistolas distribuídas
E atiraram cegamente em todos que não tinham chapéus por serem pobres
E a todos que haviam dito a verdade sobre eles e os que os financiavam
Expulsaram do país no décimo quarto ano da nossa meia-República.

4

Tomaram-me minha pequena casa e meu carro
Que eu havia ganho com muito trabalho.
(Meus móveis ainda pude salvar.)

5

Ao cruzar a fronteira pensei:
Mais que de minha casa preciso da verdade.
Mas preciso também de minha casa. E desde então
A verdade é para mim como uma casa e um carro.
E eles me foram tomados.

REALIZAR ALGO DE ÚTIL

Quando li que queimavam as obras
Dos que procuravam escrever a verdade
Mas ao tagarela George, o de fala bonita, convidaram
Para abrir sua Academia, desejei mais vivamente
Que chegue enfim o tempo em que o povo solicite a um homem desses
Que num dos locais de construção dos subúrbios
Empurre publicamente um carrinho de mão com cimento, para que
Ao menos uma vez um deles realize algo de útil, com o que
Poderia então retirar-se para sempre
Para cobrir o papel de letras
Às custas do
Rico povo trabalhador.

QUANDO ME FIZERAM DEIXAR O PAÍS

Quando me fizeram deixar o país
Lia-se nos jornais do pintor
Que isto acontecia porque num poema
Eu havia zombado dos soldados da Primeira Guerra.
Realmente, no penúltimo ano da guerra
Quando aquele regime, para adiar sua derrota
Já enviava os mutilados novamente para o fogo
Ao lado dos velhos e meninos de dezessete anos
Descrevi em um poema
Como um soldado morto era desenterrado e
Sob o júbilo de todos os enganadores do povo
Sanguessugas e opressores
Conduzido de volta ao campo de batalha.
Agora que preparam uma nova Grande Guerra
Resolvidos a superar inclusive as barbaridades da última
Eles matam ou expulsam gente como eu
Que denuncia
Seus golpes.

OS ESPERANÇOSOS

Pelo que esperam?
Que os surdos se deixem convencer
E que os insaciáveis
Lhes devolvam algo?
Os lobos os alimentarão, em vez de devorá-los!
Por amizade
Os tigres convidarão
A lhes arrancarem os dentes!
É por isso que esperam!

O CAMPONÊS CUIDA DE SEU CAMPO

1

O camponês cuida de seu campo
Trata bem de seu gado, paga impostos
Faz filhos para poupar trabalhadores
E depende do preço do leite.
Os da cidade falam do amor à terra
Da saudável linhagem camponesa
E que o camponês é o alicerce da nação.

2

Os da cidade falam do amor à terra
Da saudável linhagem camponesa
E que o camponês é o alicerce da nação.
O camponês cuida de seu campo
Trata bem de seu gado, paga impostos
Faz filhos para poupar trabalhadores
E depende do preço do leite.

MEU TEMPO DE RIQUEZA

Por sete semanas de minha vida fui rico.
Com os rendimentos de uma peça comprei
Uma casa com um grande jardim. Eu a havia
Observado durante mais tempo do que o que nela morei.
Em diferentes horas do dia e da noite eu passava
Para ver como ficavam as velhas árvores em meio à relva ao alvorecer
Ou o viveiro de carpas com musgo, numa manhã chuvosa
Para ver as sebes no pleno sol do meio-dia
Os rododendros brancos à tardinha, depois do toque do ângelus.
Então me mudei com os amigos. Meu carro
Ficou sob os pinheiros. Olhamos em torno: de nenhum lugar
Via-se os limites do jardim, os declives dos gramados
E os grupos de árvores impediam que uma sebe avistasse a outra.
Também a casa era bonita. A escada de madeira nobre, tratada com perícia
Com degraus baixos e balaustrada de belas medidas.
Os cômodos pintados de branco
Tinham tetos de madeira lavrada. Grandes fogões de ferro
De forma graciosa, traziam imagens gravadas: camponeses no
                trabalho.
Portas maciças levavam ao vestíbulo ameno, com bancos e mesas de
                carvalho
Suas maçanetas de bronze haviam sido cuidadosamente escolhidas
E as lajes em torno da casa de cor castanha
Eram lisas, e gastas com as pisadas
De antigos moradores. Que proporções agradáveis! Cada aposento
                diferente
E cada qual o melhor. E como mudavam segundo a hora do dia!
Mas a mudança das estações, certamente preciosa, não vivemos, pois
Após sete semanas de genuína riqueza deixamos a propriedade; logo
Fugíamos através da fronteira.

AO LER "MEU TEMPO DE RIQUEZA"

O prazer da posse foi forte em mim, e estou contente
Por tê-lo sentido. Andar por meu parque, ter convidados
Discutir planos de construção, como outros de minha profissão, antes
           de mim
Tudo isso me alegrava, confesso. Mas sete semanas me parecem
           bastante.
Fui embora sem lamento, ou com pouco lamento. Ao escrever isto
Já me foi difícil lembrar. Perguntando a mim mesmo
Quantas mentiras estaria disposto a dizer, para conservar este bem
Sei que não seriam muitas. Portanto, creio
Não foi mau ter essa propriedade. Não foi
Pouco, mas existem
Coisas maiores.

NOSSOS INIMIGOS DIZEM

Nossos inimigos dizem: A luta terminou.
Mas nós dizemos: Ela começou.

Nossos inimigos dizem: A verdade está liquidada.
Mas nós dizemos: Nós a sabemos ainda.

Nossos inimigos dizem: Mesmo que ainda se conheça a verdade
Ela não pode mais ser divulgada.
Mas nós a divulgamos.

É a véspera da batalha.
É a preparação de nossos quadros.
É o estudo do plano de luta.
É o dia antes da queda
De nossos inimigos.

EPITÁFIO 1919

A Rosa Vermelha desapareceu.
Para onde foi, é um mistério.
Porque ao lado dos pobres combateu
Os ricos a expulsaram de seu império.

POEMA DO SOLDADO DESCONHECIDO
SOB O ARCO DO TRIUNFO

1

Nós viemos das montanhas e dos sete mares
Para matá-lo
Nós o prendemos com laços que iam
De Moscou à cidade de Marselha.
Nós ajustamos canhões que o alcançavam
Em qualquer ponto para onde fugisse
Se nos enxergasse.

2

Nós nos reunimos por quatro anos
Abandonamos nosso trabalho e ficamos
Nas cidades em ruínas, gritando uns aos outros
Em muitas línguas, das montanhas aos sete mares
Onde ele estava.
Então o matamos no quarto ano.

3

Presentes estavam:
Aqueles que ele havia nascido para ver
À sua volta na hora de sua morte:
Todos nós.
E presente estava
Uma mulher que o havia dado à luz
E que silenciou quando o levamos.
Que seu ventre lhe seja arrancado!
Amém!

4

E depois de tê-lo matado
Nós o tratamos de tal modo que perdeu o rosto
Sob as marcas de nossos punhos.
Assim o tornamos irreconhecível
Para que não fosse filho de homem.

5

E o desenterramos de sob o ferro
Levando-o para casa, em nossa cidade
E o enterramos debaixo de pedra, de um arco, chamado
Arco do Triunfo.
Que pesa cinquenta toneladas, para que
O Soldado Desconhecido
De maneira nenhuma se levante no Juízo Final
E irreconhecível
Embora novamente na luz
Caminhe diante de Deus
E nos recomende, a nós, reconhecíveis
À justiça.

CANÇÃO DO PINTOR HITLER

1

Hitler, o pintor de paredes
Disse: Caros amigos, deixem eu dar uma mão!
E com um balde de tinta fresca
Pintou como nova a casa alemã
Nova a casa alemã.

2

Hitler, o pintor de paredes
Disse: Fica pronta num instante!
E os buracos, as falhas e as fendas
Ele simplesmente tapou
A merda inteira tapou.

3

Ó Hitler pintor
Por que não tentou ser pedreiro?
Quando a chuva molha sua tinta
Toda a imundície vem abaixo
Sua casa de merda vem abaixo.

4

Hitler, o pintor de paredes
Nada estudou senão pintura
E quando lhe deixaram dar uma mão
Tudo o que fez foi um malogro
E a Alemanha inteira ele logrou.

AOS COMBATENTES
NOS CAMPOS DE CONCENTRAÇÃO

Vocês, dificilmente alcançáveis
Enterrados nos campos de concentração
Afastados de qualquer palavra humana
Submetidos a brutalidades
Espancados, mas
Não refutados!
Desaparecidos, mas
Não esquecidos!

Embora quase sem notícias de vocês, soubemos: são
Incorrigíveis.
Indoutrináveis, dizem, tão dedicados à causa proletária
Irremovíveis, na convicção de que na Alemanha ainda existem
Dois tipos de homens: exploradores e explorados
E que somente a luta de classes
Pode libertar da miséria as massas humanas das cidades e do campo.
Golpes de cacete ou enforcamentos, soubemos
Não foram capazes de fazê-los afirmar
Que agora dois e dois são cinco.

Portanto
Desaparecidos, mas
Não esquecidos
Espancados, mas
Não refutados
Juntamente com todos os lutadores incorrigíveis
Indoutrináveis persistindo na verdade
São, agora e sempre
Os verdadeiros guias da Alemanha.

1926-1933

AO CAMARADA DIMITROFF,
QUANDO LUTOU DIANTE DO
TRIBUNAL FASCISTA EM LEIPZIG

Camarada Dimitroff!

Desde o dia em que lutas diante do tribunal fascista
A voz do comunismo, cercada pelos bandos de matadores e bandidos
           da SA
Através do ruído dos chicotes e cassetetes
Fala bem alto e nítido
No centro da Alemanha.

Voz que pode ser ouvida em todas as nações da Europa
Que através das fronteiras ouvem o que vem
Do escuro, elas mesmas no escuro
Mas também pode ser ouvida
Por todos os explorados e espancados e
Incorrigíveis lutadores
Na Alemanha.
Com avareza utilizas, camarada Dimitroff, cada minuto
Que te é dado, e o pequeno lugar que
Ainda é público, utiliza-o
Para nós todos.

Mal dominando a língua que não é a tua
Sempre advertido aos gritos
Várias vezes arrastado para fora
Enfraquecido com as algemas
Fazes repetidamente as perguntas temidas
Incriminas os criminosos e
Leva-os a gritar e a te arrastar e assim
Confessar que não têm razão, apenas força
E que podem te matar, mas nunca te vencer.
Pois, assim como tu, resistem a essa força
Embora não tão visíveis

Milhares de combatentes, mesmo os
Ensanguentados em suas celas
Que podem ser abatidos
Mas nunca vencidos.
Assim como tu, suspeitos de combater a fome
Acusados de revolta contra os exploradores
Incriminados por lutar contra a opressão
Convictos
Da causa mais justa.

ELOGIO DO APRENDIZADO

Aprenda o mais simples! Para aqueles
Cuja hora chegou
Nunca é tarde demais!
Aprenda o ABC; não basta, mas
Aprenda! Não desanime!
Comece! É preciso saber tudo!
Você tem que assumir o comando!

Aprenda, homem no asilo!
Aprenda, homem na prisão!
Aprenda, mulher na cozinha!
Aprenda, ancião!
Você tem que assumir o comando!
Frequente a escola, você que não tem casa!
Adquira conhecimento, você que sente frio!
Você que tem fome, agarre o livro: é uma arma.
Você tem que assumir o comando.

Não se envergonhe de perguntar, camarada!
Não se deixe convencer
Veja com seus olhos!
O que não sabe por conta própria
Não sabe.
Verifique a conta
É você que vai pagar.
Ponha o dedo sobre cada item
Pergunte: O que é isso?
Você tem que assumir o comando.

ELOGIO DO PARTIDO

O indivíduo tem dois olhos
O Partido tem mil olhos.
O Partido vê sete Estados
O indivíduo vê uma cidade.
O indivíduo tem sua hora
Mas o Partido tem muitas horas.
O indivíduo pode ser liquidado
Mas o Partido não pode ser liquidado.
Pois ele é a vanguarda das massas
E conduz a sua luta
Com os métodos dos Clássicos, forjados a partir
Do conhecimento da realidade.

MAS QUEM É O PARTIDO?

Mas quem é o partido?
Ele fica sentado em uma casa com telefones?
Seus pensamentos são secretos, suas decisões desconhecidas?
Quem é ele?

Nós somos ele.
Você, eu, vocês — nós todos.
Ele veste sua roupa, camarada, e pensa com a sua cabeça
Onde moro é a casa dele, e quando você é atacado ele luta.

Mostre-nos o caminho que devemos seguir, e nós
O seguiremos como você, mas
Não siga sem nós o caminho correto
Ele é sem nós
O mais errado.
Não se afaste de nós!
Podemos errar, e você pode ter razão, portanto
Não se afaste de nós!

Que o caminho curto é melhor que o longo, ninguém nega
Mas quando alguém o conhece
E não é capaz de mostrá-lo a nós, de que nos serve sua sabedoria?
Seja sábio conosco!
Não se afaste de nós!

ALEMANHA

> Que outros falem da sua vergonha,
> eu falo da minha.

Ó Alemanha, pálida mãe!
Como apareces manchada
Entre as nações.
Entre os imundos
Te destacas.

De teus filhos o mais pobre
Jaz abatido.
Quando sua fome era grande
Teus outros filhos
Ergueram a mão contra ele.
Isto ficou notório.

Com as mãos assim erguidas
Erguidas contra seu irmão
Passeiam insolentes à tua volta
E riem na tua cara.
Isto é sabido.

Em tua casa
Grita-se alto a mentira
Mas a verdade
Tem que calar.
Então é assim?

Por que te louvam os opressores em roda, mas
Os oprimidos te acusam?
Os explorados
Te apontam com o dedo, mas
Os exploradores elogiam o sistema
Engendrado em tua casa!

E nisso te veem todos
Esconderes a barra do vestido, ensanguentada
Do sangue do teu
Melhor filho.

Ouvindo as falas que vêm da tua casa, rimos.
Mas quem te vê, corre a pegar a faca
Como à vista de um facínora.

Ó Alemanha, pálida mãe!
Como te trataram teus filhos
Que assim apareces entre os povos
Um escárnio e um pavor!

1933-1938

A EMIGRAÇÃO DOS POETAS

Homero não tinha morada
E Dante teve que deixar a sua.
Li-Po e Tu-Fu andaram por guerras civis
Que tragaram 30 milhões de pessoas
Eurípides foi ameaçado com processos
E Shakespeare, moribundo, foi impedido de falar.
Não apenas a Musa, também a polícia
Visitou François Villon.
Conhecido como "o Amado"
Lucrécio foi para o exílio
Também Heine, e assim também
Brecht, que buscou refúgio
Sob o teto de palha dinamarquês.

O QUE CORROMPE

Nos primeiros meses do domínio nacional-socialista
Um trabalhador de uma pequena localidade na fronteira tcheca
Foi condenado à prisão por distribuir panfletos comunistas.
Como um de seus cinco filhos havia já morrido de fome
Não agradava ao juiz enviá-lo para a cadeia por muito tempo.
Perguntou-lhe então se ele não estava talvez
Apenas corrompido pela propaganda comunista.
Não sei o que o senhor quer dizer, disse ele, mas meu filho
Foi corrompido pela fome.

O VIZINHO

Eu sou o vizinho. Eu o denunciei.
Não queremos ter aqui
Nenhum agitador.

Quando penduramos a bandeira com a suástica
Ele não pendurou nenhuma bandeira.
Quando lhe falamos sobre isso
Ele nos perguntou se no cômodo
Onde vivemos com quatro crianças
Ainda há lugar para um mastro de bandeira.
Quando dissemos que acreditamos novamente no futuro
Ele riu.

Nós não gostamos quando o espancaram
Na escada. Rasgaram-lhe o avental.
Não era necessário. Temos poucos aventais.

Mas agora ele se foi, há sossego no edifício.
Já temos preocupações demais
É preciso ao menos haver sossego.

Notamos que algumas pessoas
Viram o rosto quando cruzam conosco. Mas
Os que o levaram dizem
Que agimos corretamente.

A CRUZ DE GIZ

Eu sou uma criada. Eu tive um romance
Com um homem que era da SA.
Um dia, antes de ir
Ele me mostrou, sorrindo, como fazem
Para pegar os insatisfeitos.
Com um giz tirado do bolso do casaco
Ele fez uma pequena cruz na palma da mão.
Ele contou que assim, e vestido à paisana
Anda pelas repartições de trabalho
Onde os desempregados fazem fila e xingam
E xinga junto com eles, e fazendo isso
Em sinal de aprovação e solidariedade
Dá um tapinha nas costas do homem que xinga
E este, marcado com a cruz branca
É apanhado pela SA. Nós rimos com isso.
Andei com ele um ano, então descobri
Que ele havia desfalcado minha caderneta de poupança.
Havia dito que a guardaria para mim
Pois os tempos eram incertos.
Quando lhe tomei satisfações, ele jurou
Que suas intenções eram honestas. Dizendo isso
Pôs a mão em meu ombro para me acalmar.
Eu corri, aterrorizada. Em casa
Olhei minhas costas no espelho, para ver
Se não havia uma cruz branca.

EXCLUSIVAMENTE POR CAUSA
DA DESORDEM CRESCENTE

Exclusivamente por causa da desordem crescente
Em nossas cidades de luta de classes
Alguns de nós decidiram agora
Não mais falar de cidades à beira-mar, neve nos telhados, mulheres
Cheiro de maçãs maduras na despensa, as sensações da carne
Tudo aquilo que torna um homem redondo e humano
Mas sim falar apenas da desordem
E assim tornar-se parcial, restrito, enredado nos negócios
Da política e no vocabulário "indigno" e seco
Da economia dialética
Para que essa coexistência terrível, compacta
De quedas de neve (não é apenas fria, sabemos)
Exploração, carne reduzida, justiça de classe
Não produza em nós aprovação
De um mundo tão múltiplo, prazer
Nas contradições de uma vida tão sangrenta
Vocês compreendem.

NOTÍCIA DA ALEMANHA

Soubemos que na Alemanha
Nos dias da peste marrom
No telhado de uma indústria de máquinas, subitamente
Uma bandeira vermelha tremulou no vento de novembro
A proscrita bandeira da liberdade!
Em pleno novembro cinza, do céu
Caiu uma mistura de chuva e neve
Mas era o dia sete: dia da Revolução!

E olhem: A bandeira vermelha!

Os trabalhadores nos pátios
Protegem os olhos com a mão e olham
Para o telhado, em meio à chuva de neve.

Então passam os caminhões com tropas de choque
E empurram para o muro quem está vestido como trabalhador
E atam com cordas os punhos que têm calos
E das barracas, após o interrogatório
Saem cambaleando os espancados, ensanguentados
Nenhum deles revelou o nome
Do homem sobre o telhado.

E assim levam embora todos os que calam
Os outros já tiveram o bastante.
Mas no dia seguinte ondulou novamente
No telhado da indústria de máquinas

A bandeira vermelha do proletariado. Novamente
Ressoam pela cidade quieta
Os passos das tropas de choque. Nos pátios
Não se avistam mais homens. Há somente mulheres
Com rostos de pedra: as mãos protegendo os olhos
Olham para o telhado, em meio à chuva de neve.

E o espancamento começa de novo. Interrogadas
As mulheres dizem: Esta bandeira
É um lençol no qual transportamos
Alguém que morreu ontem.
Não temos culpa pela cor que ela tem.
É vermelha do sangue do homem assassinado, vocês devem saber.

QUANDO O CRIME ACONTECE
COMO A CHUVA QUE CAI

Como alguém que chega ao balcão com uma carta importante após o horário de atendimento: o balcão está fechado. Como alguém que quer prevenir a cidade contra uma inundação, mas fala uma outra língua: ele não é compreendido. Como um mendigo que bate pela quinta vez numa porta onde já recebeu algo quatro vezes: pela quinta vez tem fome.
Como alguém cujo sangue flui de uma ferida e que espera pelo médico: seu sangue continua saindo.

Assim chegamos e relatamos que se cometem crimes contra nós.

Quando pela primeira vez foi relatado que nossos amigos estavam sendo mortos, houve um grito de horror. Centenas foram mortos então. Mas quando milhares foram mortos e a matança era sem fim, o silêncio tomou conta de tudo.

Quando o crime acontece como a chuva que cai, ninguém mais grita "alto!".

Quando as maldades se multiplicam, tornam-se invisíveis.
Quando os sofrimentos se tornam insuportáveis, não se ouvem mais os gritos.
Também os gritos caem como a chuva de verão.

DE QUE SERVE A BONDADE

1

De que serve a bondade
Se os bons são imediatamente liquidados, ou são liquidados
Aqueles para os quais eles são bons?

De que serve a liberdade
Se os livres têm que viver entre os não livres?

De que serve a razão
Se somente a desrazão consegue o alimento de que todos necessitam?

2

Em vez de serem apenas bons, esforcem-se
Para criar um estado de coisas que torne possível a bondade
ou melhor: que a torne supérflua!

Em vez de serem apenas livres, esforcem-se
Para criar um estado de coisas que liberte a todos
E também o amor à liberdade
Torne supérfluo!

Em vez de serem apenas razoáveis, esforcem-se
Para criar um estado de coisas que torne a desrazão de um indivíduo
Um mau negócio!

NO SEGUNDO ANO DE MINHA FUGA

No segundo ano de minha fuga
Li em um jornal, em língua estrangeira
Que eu havia perdido minha cidadania.
Não fiquei triste nem alegre
Ao ver meu nome entre muitos outros
Bons e maus.
A sina dos que fugiam não me pareceu pior
Do que a sina dos que ficavam.

O PASSAGEIRO

Quando, há alguns anos
Aprendi a dirigir um carro, meu instrutor
Me fazia fumar um charuto; e quando
Na confusão do tráfego ou em curvas difíceis
O charuto apagava, ele me tirava o volante.
Também contava piadas, e se eu não sorria
Muito ocupado com a direção, afastava-me
Do volante. Eu estava inseguro, dizia ele.
Eu, o passageiro, me apavoro quando vejo
O motorista muito ocupado com a direção.

Desde então, ao trabalhar
Cuido para não ficar absorvido demais no trabalho.
Dou atenção a muitas coisas em volta
Às vezes interrompo o trabalho para ter uma conversa.
Andar mais rápido do que o que me permite fumar
É algo que já não faço. Penso
No passageiro.

POR QUE DEVERIA MEU NOME SER LEMBRADO?

1

Outrora pensei: em tempos distantes
Quando tiverem ruído as casas onde moro
E apodrecido os navios em que viajei
Meu nome ainda será lembrado
Juntamente com outros.

2

Porque louvei as coisas úteis, o que
No meu tempo era tido como vulgar
Porque combati as religiões
Porque lutei contra a opressão ou
Por um outro motivo.

3

Porque fui a favor dos homens e tudo
Coloquei em suas mãos, honrando-os assim
Porque escrevi versos e enriqueci a língua
Porque ensinei o comportamento prático ou
Por qualquer outro motivo.

4

Por isso achei que meu nome ainda seria
Lembrado, em uma pedra
Estaria meu nome, retirado dos livros
Seria impresso nos novos livros.

5

Mas hoje
Concordo em que seja esquecido.
Por que
Perguntariam pelo padeiro, havendo pão suficiente?
Por que
Seria louvada a neve que já derreteu
Havendo outras neves para cair?
Por que
Deveria haver um passado, havendo
Um futuro?

6

Por que
Deveria meu nome ser lembrado?

ANOS ATRÁS

Anos atrás, quando ao estudar os procedimentos da Bolsa de Trigo de
             Chicago
Compreendi subitamente como eles administravam o trigo do mundo
E ao mesmo tempo não compreendi e abaixei o livro
Logo percebi: você
Deparou com coisa ruim.

Não havia irritação em mim, e não era a injustiça
Que me apavorava, apenas o pensamento
"Assim como eles fazem não pode ser" me tomou inteiramente.

Essa gente, eu percebi, vive do dano
Que causa aos outros, não do benefício.
Esta é uma situação, percebi, que somente pelo crime
Pode ser mantida, porque é muito ruim para a maioria.
Desse modo toda grande
Proeza da razão, invenção ou descoberta
Levará somente a uma miséria ainda maior.

Coisas assim e semelhantes pensei no momento
Distante de ódio ou lamento, ao abaixar o livro
Com a descrição do Mercado e da Bolsa de Trigo de Chicago.

Muito esforço e muito desassossego
Me esperavam.

PARA LER DE MANHÃ E À NOITE

Aquele que amo
Disse-me
Que precisa de mim.

Por isso
Cuido de mim
Olho meu caminho
E receio ser morta
Por uma só gota de chuva.

EM TEMPOS NEGROS

Não se dirá: Quando a nogueira balançou no vento
Mas sim: Quando o pintor de paredes esmagou os trabalhadores.
Não se dirá: Quando o menino fez deslizar a pedra lisa pela superfície
  da correnteza
Mas sim: Quando prepararam as grandes guerras.
Não se dirá: Quando a mulher foi para o quarto
Mas sim: Quando os grandes poderes se uniram contra os
  trabalhadores.
Mas não se dirá: Os tempos eram negros
E sim: Por que os seus poetas silenciaram?

A DESPEDIDA

Nós nos abraçamos.
Eu toco em tecido rico
Você em tecido pobre.
O abraço é ligeiro
Você vai para um almoço
Atrás de mim estão os carrascos.
Falamos do tempo e de nossa
Permanente amizade. Todo o resto
Seria amargo demais.

CITAÇÃO

O poeta Kin disse:
Por que deveria eu escrever obras imortais, se não sou famoso?
Por que deveria responder, se não sou perguntado?
Por que deveria perder tempo com versos, se o tempo perde os versos?
Escrevo minhas sugestões numa linguagem durável
Porque receio que demore até que sejam realizadas.
Para que o grande seja alcançado, grandes mudanças são necessárias.
As pequenas mudanças são inimigas das grandes mudanças.
Eu tenho inimigos. Logo, devo ser famoso.

O CHANCELER ABSTÊMIO

Eu soube que o Chanceler não bebe
Não come carne e não fuma
E mora em uma casa pequena.
Mas também soube que os pobres
Passam fome e morrem na miséria.
Bem melhor seria um Estado em que se dissesse:
O Chanceler está sempre bêbado nas reuniões
Observando a fumaça de seus cachimbos
Alguns iletrados mudam as leis
Pobres não há.

1933-1938

SOBRE A VIOLÊNCIA

A corrente impetuosa é chamada de violenta
Mas o leito de rio que a contém
Ninguém chama de violento.

A tempestade que faz dobrar as bétulas
É tida como violenta
E a tempestade que faz dobrar
Os dorsos dos operários na rua?

SOBRE A ESTERILIDADE

A árvore que não dá frutos
É xingada de estéril. Quem
Examina o solo?

O galho que quebra
É xingado de podre, mas
Não havia neve sobre ele?

O CORDÃO PARTIDO

O cordão partido pode ser novamente atado
Ele segura novamente, mas
Está roto.

Talvez nos encontremos de novo, mas
Ali onde você me deixou
Não me achará novamente.

COMEÇO DA GUERRA

Quando a Alemanha estiver armada até os dentes
Uma grande injustiça lhe acontecerá
E o tocador de tambor fará sua guerra.

Vocês, porém, defenderão a Alemanha
Em terras estranhas, de vocês desconhecidas
E lutarão contra homens seus iguais.

O tocador de tambor soltará disparates sobre liberdade
Mas a opressão no país será sem igual.

E ele poderá vencer todas as batalhas
Exceto a última,

Quando o tocador de tambor perder sua guerra
A Alemanha ganhará a sua.

ABLUÇÃO

a C. N.

Quando há alguns anos lhe mostrei
Como se lavar de manhã cedo
Com pedacinhos de gelo na água
Da pequena tigela de cobre
Submergindo o rosto, os olhos abertos
Lendo as linhas difíceis de seu papel
Na folha presa à parede, ao secar-se
Com a toalha áspera, eu disse:
Isto você faz para você mesma, faça
De modo exemplar.

Agora me dizem que você deve estar na prisão.
As cartas que lhe escrevi
Ficaram sem resposta. Os amigos aos quais falei de você
Silenciaram. Nada posso fazer por você. Como será
Sua manhã? Ainda fará algo para você?
Esperançosa e responsável
Com movimentos certos
De modo exemplar?

SOBRE OS POEMAS DE DANTE A BEATRIZ

Ainda hoje, na cripta onde jaz
Aquela que ele não pôde fazer sua
Por mais que a seguisse pela rua
Uma emoção forte seu nome nos traz.

Pois ele cuidou de nos mantê-la na memória
Ao dedicar-lhe verso tão sublime
E não pode haver quem não se anime
A acreditar inteira em sua história.

Ah, que mau costume ele inaugurou então
Ao cobrir de louvor arrebatado
O que havia apenas visto e não provado!

Desde que versejou a uma simples visão
Tudo de aparência bela e casta, a qualquer ensejo
Cruzando uma praça, tornou-se objeto de desejo.

1933-1938

POEMAS CHINESES

AMIGOS

Se viesses em um coche
E eu vestisse um traje de camponês
E nos encontrássemos um dia na rua
Descerias e farias reverência.
E se vendesses água
E eu viesse montado em um cavalo
E nos encontrássemos um dia na rua
Desceria eu a te cumprimentar.

          Poeta desconhecido (*c.* 100 a.C.)

A GRANDE COBERTA

O governador, perguntado por mim sobre o que seria necessário
Para socorrer os que têm frio em nossa cidade
Respondeu: Uma coberta, comprida de dez mil pés
Que cubra simplesmente todo o subúrbio.

        Po Chu-yi (772-846)

O MERCADO DE FLORES

Na Capital Imperial a primavera está quase no fim
Quando as ruas se enchem de coches e cavaleiros: chegou
O tempo das peônias. E nós nos misturamos
Ao povo que aflui ao mercado de flores. "Aproximem-se!
Escolham suas flores deste ano. Preços diversos.
Quanto mais botões, naturalmente, mais alto o preço.
Essas brancas — cinco peças de seda.
Essas vermelhas — vinte côvados de brocado.
Para proteger do sol um sombreiro
Contra a geada a cesta de algodão.
Salpicadas de água e as raízes cobertas de lama
Transplantadas conservarão a beleza."
Sem pensar, cada família segue o caro costume.
Um velho agricultor, vindo à cidade para
Ir a duas ou três repartições, ouvimos suspirar
Balançando a cabeça. Ele pensava talvez:
"Um buquê dessas flores
Pagaria os impostos de dez cidades pobres."

    Po Chu-yi

O DRAGÃO DA LAGOA NEGRA

Profundas são as águas da lagoa negra
E cor de chumbo. Dizem que um dragão sagrado
Mora aqui. Olhos humanos
Jamais o viram, mas próximo à lagoa
Construiu-se um santuário, e as autoridades
Organizaram um ritual. Um dragão
Pode continuar dragão, mas os homens
Podem fazer dele um deus. Os habitantes da aldeia
Veem boas e más colheitas
Nuvens de gafanhotos e comissões do governo
Impostos e pestes como desígnios do dragão sagrado.
Todos sacrificam a ele
Pequenos leitões e jarras de vinho, segundo os conselhos
De um deles, que possui poderes.
Ele determina também as orações da manhã
E os hinos do fim da tarde.
    Salve, ó Dragão de muitas dádivas!
    Bem-aventurado sejas, Vencedor
    Salvador da pátria, és
    Eleito entre os dragões, e eleito é
    Entre todos os vinhos o vinho do sacrifício.
Há pedaços de carne nas pedras em volta da lagoa.
A grama diante do santuário está manchada de vinho.
Não sei quanto de suas dádivas
O dragão come. Mas os ratos dos arbustos
E as raposas dos montes estão sempre bêbados e fartos.
Por que estão assim felizes as raposas?
Que fizeram os pequenos leitões
Para que sejam mortos ano após ano, somente
Para agradar às raposas? O dragão sagrado

Na profundeza mil vezes escura de sua lagoa
Sabe ele que as raposas o roubam, e comem seus pequenos leitões?
Ou não sabe?

    Po Chu-yi

UM PROTESTO NO SEXTO ANO DE CHIEN FU

Os rios e morros da planície
Transformais em vosso campo de batalha.
Como, pensais, o povo que aqui vive
Poderá se abastecer de "madeira e feno"?
Poupai-me por favor vosso palavreado
De nomeações e títulos.
A reputação de um único general
Significa: dez mil cadáveres.

     Ts'ao Sung (870-920)

NOTÍCIA SOBRE UM NÁUFRAGO

Quando o náufrago pisou em nossa ilha
Chegou como alguém que alcançou seu destino.
Quase acredito que ao nos ver
A nós que havíamos corrido a ajudá-lo
Ele imediatamente sentiu compaixão.
Já desde o início
Ocupou-se apenas de nossas coisas.
Com a experiência do seu naufrágio
Ensinou-nos a velejar. Mesmo coragem
Ele nos instilou. Das águas tempestuosas
Falava com grande respeito, talvez
Por terem vencido um homem como ele. Sem dúvida
Haviam assim revelado muitos de seus truques.
Este conhecimento faria de nós, alunos dele
Homens melhores. Sentindo falta de certas comidas
Ele melhorou nossa cozinha.
Embora visivelmente insatisfeito consigo
Jamais se deixou ficar satisfeito com o estado de coisas
Em torno dele e de nós. Nunca, porém
Durante todo o tempo em que passou conosco
Ouvimo-lo queixar-se de outro alguém que não ele mesmo.
Morreu de uma velha ferida. Já no leito
Experimentou um novo nó para nossas redes. Assim
Morreu aprendendo.

SOBRE A DECADÊNCIA DO AMOR

Suas mães deram à luz com dor, mas suas mulheres
Concebem com dor.

O ato do amor
Não mais vingará. O ajuntamento ainda ocorre, mas
O abraço é um abraço de lutadores. As mulheres
Erguem o braço em defesa, enquanto
São cingidas por seus possuidores.

A rústica ordenhadora, conhecida
Por sua capacidade de no abraço
Sentir prazer, olha com desprezo
Suas infelizes irmãs vestidas em peles
Que recebem por cada meneio do traseiro bem-cuidado.

A fonte paciente
Que deu de beber a tantas gerações
Vê com horror como a última
Lhe bebe a porção com expressão amarga.

Todo animal sabe fazê-lo. Entre esses
É tido como uma arte.

ELOGIO DO ESQUECIMENTO

Bom é o esquecimento!
Senão como se afastaria o filho
Da mãe que o amamentou?
Que lhe deu a força dos membros
E o impede de experimentá-la.

Ou como deixaria o aluno
O professor que lhe deu o saber?
Quando o saber está dado
O aluno tem que se pôr a caminho.

Para a velha casa
Mudam-se os novos moradores.
Se os que a construíram ainda lá vivessem
A casa seria pequena demais.

O forno esquenta. Já não se sabe
Quem foi o oleiro. O plantador
Não reconhece o pão.

Como se levantaria pela manhã o homem
Sem o deslembrar da noite que desfaz o rastro?
Como se ergueria pela sétima vez
Aquele derrubado seis vezes
Para lavrar o chão pedroso, voar
O céu perigoso?

A fraqueza da memória
Dá força ao homem.

Dos *Poemas de Svendborg*

No abrigo desse teto de palha dinamarquês, amigos
Eu sigo sua luta. Mando-lhes aqui
Como vez e outra no passado, estes versos despertados
Por visões sangrentas, vindas sobre o mar e através da
                folhagem.
O que lhes chegar, usem com cautela.
Livros envelhecidos, fragmentos de relatos
São minhas fontes. Vendo-nos novamente
Com prazer quero voltar a aprender.

                                      Svendborg, 1939

CARTILHA DE GUERRA ALEMÃ

O PINTOR FALA DA GRANDE ÉPOCA POR VIR
As florestas ainda crescem.
Os campos ainda produzem.
As cidades ainda existem.
Os homens ainda respiram.

QUANDO O PINTOR FALA SOBRE A PAZ
ATRAVÉS DOS ALTO-FALANTES
Os trabalhadores de construção olham para
As autoestradas e veem
Cimento espesso, próprio
Para tanques pesados.

O pintor fala de paz.
Aprumando as costas doloridas
As mãos grossas em tubos de canhões
Os fundidores o escutam.

Os pilotos dos bombardeiros
Desaceleram os motores e ouvem
O pintor falar de paz.

Os madeireiros param no silêncio dos bosques
Os camponeses deixam de lado o arado e colocam a mão atrás do ouvido
As mulheres que levam a comida para o campo se detêm:
No terreno revolvido há um carro com amplificador. De lá se ouve
O pintor pedir paz.

Dos *Poemas de Svendborg*

OS DE CIMA DIZEM: GUERRA E PAZ
São de substância diferente.
Mas a sua guerra e a sua paz
São como tempestade e vento.

A guerra nasce da sua paz
Como a criança da mãe
Ela tem
Os mesmos traços terríveis.

A sua guerra mata
O que a sua paz
Deixou de resto.

NO MURO ESTAVA ESCRITO COM GIZ:
Eles querem a guerra.
Quem escreveu
Já caiu.

OS DE CIMA
Juntaram-se em uma reunião.
Homem da rua
Deixa de esperança.

Os governos
Assinam pactos de não agressão.
Homem da rua
Assina teu testamento.

QUANDO OS DE CIMA FALAM DE PAZ
A gente pequena
Sabe que haverá guerra.

Quando os de cima amaldiçoam a guerra
As ordens de alistamento já estão preenchidas.

A GUERRA QUE VIRÁ
Não é a primeira. Antes dela
Houve outras guerras.
Quando a última terminou
Havia vencedores e vencidos.
Entre os vencidos o povo miúdo
Sofria fome. Entre os vencedores
Sofria fome o povo miúdo.

OS DE CIMA DIZEM QUE NO EXÉRCITO
Reina fraternidade.
A verdade disso se percebe
Na cozinha.
Nos corações deve haver
O mesmo ânimo.
Mas nos pratos
Há dois tipos de comida.

NO MOMENTO DE MARCHAR, MUITOS NÃO SABEM
Que seu inimigo marcha à sua frente.
A voz que comanda
É a voz de seu inimigo.
Aquele que fala do inimigo
É ele mesmo o inimigo.

GENERAL, TEU TANQUE É UM CARRO PODEROSO
Ele derruba uma floresta e esmaga cem homens.
Mas tem um defeito:
Precisa de um motorista.

General, teu bombardeiro é poderoso.
Ele voa mais veloz que um vendaval e carrega mais carga que um elefante.
Mas tem um defeito:
Precisa de um engenheiro.

Dos *Poemas de Svendborg*

General, o homem é muito útil.
Ele pode voar e pode matar.
Mas tem um defeito:
Pode pensar.

QUANDO A GUERRA COMEÇAR
Seus irmãos se transformarão talvez
De modo que seus rostos não serão reconhecíveis.
Mas vocês devem permanecer os mesmos.

Eles irão à guerra, mas
Não como a uma matança, e sim
Como a um trabalho sério. Tudo
Terão esquecido. Mas vocês
Nada deverão ter esquecido.

Vocês receberão aguardente na garganta
Como todos os outros.
Mas deverão permanecer sóbrios.

BALADA DA "PROSTITUTA DE JUDEUS" MARIE SANDERS

1

Uma lei fizeram em Nuremberg
Que fez chorar muitas mulheres
Que deitavam com o homem errado.
    "A carne sobe nas cidades
    Os tambores batem com força
    Deus do Céu, se planejam fazer algo
    Será esta noite."

2

Marie Sanders, teu namorado
Tem o cabelo negro demais.
Melhor não ires hoje com ele
Como foste ontem.
    "A carne sobe nas cidades
    Os tambores batem com força
    Deus do Céu, se planejam fazer algo
    Será esta noite."

3

Mãe, me dá a chave
Não pode ser tão ruim.
A lua brilha como sempre.
    "A carne sobe nas cidades
    Os tambores batem com força
    Deus do Céu, se planejam fazer algo
    Será esta noite."

Dos *Poemas de Svendborg*

4

Uma manhã, às nove horas
Levaram-na pela cidade
Em camisola, um cartaz sobre o peito, cabeça raspada.
A rua urrava. Ela
Olhava friamente.
"A carne sobe nas cidades
Streicher* fala hoje à noite.
Deus meu, tivéssemos ouvidos para ouvir
Saberíamos o que farão conosco."

---

* Julius Streicher, célebre agitador nazista. (N. do T.)

CANÇÕES INFANTIS

O ALFAIATE DE ULM *(Ulm, 1592)*

Bispo, eu sei voar
Disse ao bispo o alfaiate.
Olhe como eu faço, veja!
E com um par de coisas
Que bem pareciam asas
Subiu ao grande telhado da igreja.

    O bispo não ligou.
    Isso é um disparate
    Voar é para os pássaros
    O homem nunca voou
    Disse o bispo ao alfaiate.

O alfaiate faleceu
Disseram ao bispo as pessoas.
Era tudo uma farsa.
Sua asa partiu
E ele se destruiu
Sobre o duro chão da praça.

    Façam tocar os sinos
    Aquilo foi invenção
    Voar só para os pássaros
    Disse o bispo aos meninos
    Os homens nunca voarão.

Dos *Poemas de Svendborg*

O MENINO QUE NÃO QUERIA TOMAR BANHO

Era uma vez um menino
Que não queria tomar banho
E quando lhe davam banho, ele rapidinho
Ia se lambuzar na lama.

Um dia veio o Soberano
Subindo pela longa escada.
A mãe correu a passar o pano
No menino de cara enlameada.

Mas não havia pano nem toalha.
O Imperador partiu
E o menino não o viu
Por essa ele não esperava!

A AMEIXEIRA

No pomar tem uma ameixeira
Tão pequena, que ninguém faz fé.
Em volta dela há uma cerca
Que é pra ninguém botar o pé.

A pequenina não pode crescer
Pois crescer ela queria bem.
Mas aí nada se pode fazer
Tão pouco é o sol que ela tem.

Nessa ameixeira ninguém faz fé
Porque nunca deu uma ameixinha.
Mas que é uma ameixeira, isso é:
Pelas folhas a gente adivinha!

Dos *Poemas de Svendborg*

PERGUNTAS DE UM TRABALHADOR QUE LÊ

Quem construiu a Tebas de sete portas?
Nos livros estão nomes de reis.
Arrastaram eles os blocos de pedra?
E a Babilônia várias vezes destruída —
Quem a reconstruiu tantas vezes? Em que casas
Da Lima dourada moravam os construtores?
Para onde foram os pedreiros, na noite em que a Muralha da China
          ficou pronta?
A grande Roma está cheia de arcos do triunfo.
Quem os ergueu? Sobre quem
Triunfaram os Césares? A decantada Bizâncio
Tinha somente palácios para seus habitantes? Mesmo na lendária
          Atlântida
Os que se afogavam gritaram por seus escravos
Na noite em que o mar a tragou.

O jovem Alexandre conquistou a Índia.
Sozinho?
César bateu os gauleses.
Não levava sequer um cozinheiro?
Filipe da Espanha chorou, quando sua Armada
Naufragou. Ninguém mais chorou?
Frederico II venceu a Guerra dos Sete Anos.
Quem venceu além dele?

Cada página uma vitória.
Quem cozinhava o banquete?
A cada dez anos um grande homem.
Quem pagava a conta?

Tantas histórias.
Tantas questões.

A SANDÁLIA DE EMPÉDOCLES

1

Empédocles de Agrigento
Tendo conquistado as homenagens de seus concidadãos
Juntamente com as fraquezas da idade
Resolveu morrer. Amando porém
Alguns poucos, pelos quais era também amado
Não quis diante deles perecer
Mas apenas desaparecer.
Convidou-os a um passeio, não todos
Um ou outro deixou de lado, de modo a
Incluir o acaso
Na escolha e na empresa.
Escalaram o Etna.
O esforço da escalada
Fez com que calassem. Nenhum sentiu falta
Das palavras sábias. Em cima
Recobraram o fôlego, voltando ao pulso normal
Ocupados com a vista, contentes em alcançar a meta.
Sorrateiramente, o mestre os abandonou.
Ao retomarem a conversa, nada
Perceberam de início, somente depois
Aqui e ali faltava uma palavra, então olharam em torno em busca dele.
Que no entanto há muito andava para o topo
Não muito apressado. Por um momento
Parou, e ouviu
Quão longe lá embaixo
A conversa recomeçava. Palavras isoladas
Não mais se compreendia: o morrer tivera início.
Em pé na borda da cratera
Rosto voltado, não desejando saber mais
O mais que não lhe concernia, o velho abaixou-se lentamente

Dos *Poemas de Svendborg*

Desatou cuidadoso uma sandália
Lançou-a a alguns passos, de modo que não fosse
Achada cedo demais, mas a tempo, isto é
Antes de apodrecer. Então somente
Foi para a cratera. Quando seus amigos
Sem ele, buscando-o, retornaram
Principiou aos poucos, por semanas e meses
A sua morte, assim como a desejara. Ainda
Esperavam por ele alguns, enquanto outros
Davam-no por morto. Ainda alguns
Guardavam as perguntas para a sua volta, enquanto outros
Buscavam eles mesmos a solução. Lentamente, como as nuvens
Que no céu se distanciam, inalteradas, apenas diminuindo
Retrocedendo quando não observadas, mais distantes
Quando novamente procuradas, talvez já com outras confundidas
Assim se distanciou ele dos hábitos dos homens, de modo habitual.
Nisto cresceu um boato.
Ele não havia morrido, pois não era mortal, dizia-se.
Mistério o envolvia. Foi considerado possível
Que algo houvesse além da coisa terrena, que o curso humano pudesse
Ser mudado para um indivíduo: falas assim surgiram.
Mas por esse tempo foi achada a sua sandália, a de couro
A tangível, surrada, terrena! Deixada para aqueles que
Quando não veem, começam de imediato a crer.
O fim de seus dias
Era de novo natural. Ele morrera como qualquer um.

2

Outros, porém, descrevem o acontecido
De outra maneira: esse Empédocles, dizem
Tentou realmente assegurar-se honras divinas
E com um misterioso desvanecimento, com uma esperta
Não testemunhada queda no Etna, quis instituir a lenda
De não ser de espécie humana, não ser submisso
Às leis do declínio. Aí, no entanto,
Sua sandália lhe pregara a peça de cair em mãos humanas.
(Alguns afirmam mesmo que a própria cratera, irritada
Com tal ação, simplesmente vomitou

A sandália do corrompido.) Mas nós preferimos acreditar:
Se ele não tirou realmente a sandália, havia
Esquecido nossa estupidez, não havia pensado em como nos
          apressamos
Em obscurecer a escuridão, e em como preferimos crer
No sem-sentido a procurar a causa suficiente. E então a montanha —
Certamente não indignada com tal negligência ou mesmo acreditando
Que ele nos quisesse iludir para colher honras divinas
(Pois a montanha em nada crê, e conosco não se ocupa)
Mas decerto vomitando fogo como sempre — teria
Nos lançado a sandália, e assim, de repente, os discípulos —
Já ocupados em pressentir grandes mistérios
E tecer fundas metafísicas, ocupados em demasia! —
Seguravam aflitos a sandália do mestre nas mãos, a tangível
Surrada, de couro, terrena.

Dos *Poemas de Svendborg*

VISITA AOS POETAS BANIDOS

Quando penetrou em sonho
Na cabana dos poetas banidos, vizinha
À cabana dos mestres banidos (de onde
Ouviu briga e gargalhada), veio-lhe ao encontro
Ovídio, e disse-lhe a meia-voz:
"Melhor não sentares. Ainda não morreste. Quem sabe
Ainda não retornas? E sem que nada mude
Senão tu mesmo." Porém, consolo nos olhos
Aproximou-se Po Chu-yi e disse sorridente: "O rigor
Fez por merecer todo aquele que uma só vez deu nome à injustiça."
E seu amigo Tu-fu disse suave: "Compreendes, o desterro
Não é o lugar onde se desaprende o orgulho." Mas, mais terreno
Interpôs-se o maltrapilho Villon, e perguntou: "Quantas
Portas tem a casa onde moras?" E tomou-o Dante pelo braço
E levando-o para o lado murmurou: "Teus versos
Estão cheios de erros, amigo, considera
Quem está contra ti!" E Voltaire berrou de lá:
"Cuida dos tostões, senão te matam de fome!"
"E usa gracejos!", gritou Heine. "Não ajuda",
Esbravejou Shakespeare, "quando veio Jacó
Também eu não pude mais escrever." — "Se houver processo
Toma um patife como advogado!", aconselhou Eurípides
"Pois ele conhece os furos nas malhas da lei." A gargalhada
Ainda soava, quando do canto mais escuro
Veio um grito: "Escuta, sabem eles também
Os teus versos de cor? E eles que sabem
Escaparão à perseguição?" — "Estes são
Os esquecidos", disse Dante em voz baixa
"Foram-lhes destruídos não só os corpos, mas também as obras."
A gargalhada cessou. Ninguém ousou olhar na direção. O recém-
        -chegado
Empalideceu.

PARÁBOLA DE BUDA
SOBRE A CASA INCENDIADA

Gautama, o Buda, ensinou
A doutrina da roda da cobiça, à qual estamos atados, e aconselhou
Livrar-se de toda cobiça e assim
Sem ambição penetrar no Nada, que ele denominou Nirvana.
Perguntaram-lhe então um dia seus alunos:
Como é esse Nada, mestre? Todos nós queremos
Livrar-nos de toda cobiça, como nos aconselhas, dize-nos porém
Se esse Nada, no qual então penetraremos
É talvez como o ser-um com tudo criado
Ao deitar-se alguém na água, corpo leve, ao meio-dia
Sem pensamentos quase, com preguiça deitado na água, caindo
No sono, mal sabendo então que puxa a coberta
Afundando rapidamente. Se esse Nada, portanto
É assim contente, um bom Nada, ou se esse teu Nada
É simplesmente um Nada, frio, vazio, sem sentido.
Longamente silenciou o Buda, e disse então displicente:
Nenhuma resposta para vossa pergunta.
Mas à noite, quando haviam partido
Sentado ainda sob o pé de fruta-pão, contou o Buda aos outros
Aos que não haviam perguntado, a seguinte parábola:
Há pouco tempo vi uma casa. Queimava. A chama
Lambia o telhado. Aproximei-me e notei
Que ainda havia pessoas dentro. Cheguei à porta e gritei-lhes
Que o telhado estava em fogo, incitando-as assim
A sair rapidamente. Mas as pessoas
Pareciam não ter pressa. Uma delas me perguntou
Enquanto o calor lhe chamuscava a sobrancelha
Se não soprava o vento, se não havia uma outra casa
E coisas assim. Sem responder
Afastei-me novamente. Estes, pensei
Têm que queimar, até parar de fazer perguntas. Em verdade, amigos
Àquele que ainda não sente o chão bastante quente

Dos *Poemas de Svendborg*

Para trocá-lo por qualquer outro, em vez de lá ficar, a este
Nada tenho a dizer. Assim fez Gautama, o Buda.
Mas também nós, não mais ocupados com a arte de suportar
Antes ocupados com a arte de não suportar, e apresentando
Sugestões várias de natureza terrena, e aos homens ensinando
A desvencilhar-se dos tormentadores humanos, achamos que àqueles que
À vista dos iminentes esquadrões de bombardeiros do Capital gastam
          tempo a perguntar
Como pensamos em fazer isto, como imaginamos aquilo
E o que será de suas economias e de seus trajes de domingo após uma
          reviravolta
Nada temos a dizer.

OS TECELÕES DE KUJAN-BULAK
HOMENAGEIAM LÊNIN

1

Com frequência, e generosamente
Homenageou-se o camarada Lênin. Existem bustos e estátuas.
Cidades receberam seu nome, e também crianças.
Fazem-se conferências em muitas línguas
Há reuniões e demonstrações
De Xangai a Chicago, em homenagem a Lênin.
Mas assim o homenagearam os tecelões de Kujan-Bulak
Pequena localidade no sul do Turquistão:

Lá, vinte tecelões deixam à noite
Tremendo de febre, seu tear miserável.
A febre está em toda parte: a estação
É tomada pelo zumbido dos mosquitos, nuvem espessa
Que se levanta do pântano atrás do velho cemitério de camelos
Mas a locomotiva, que
A cada duas semanas traz água e fumaça, traz
Um dia também a notícia

Que está próximo o dia de reverenciar o camarada Lênin.
E a gente de Kujan-Bulak
Gente pobre, tecelões
Decide que também na sua localidade será erguido
Um busto de gesso para o camarada Lênin.
Mas quando o dinheiro é coletado para o busto
Encontram-se todos frementes de febre, a contar
Seus copeques duramente ganhos com mãos sôfregas.
E o guarda vermelho Stepa Gamalew, que
Conta com cuidado e observa com rigor
Vê a disposição de homenagear Lênin e se alegra
Mas vê também as mãos inseguras.

Dos *Poemas de Svendborg*

E faz de repente a proposta
De com o dinheiro para o busto comprar petróleo
E derramá-lo no pântano atrás do cemitério de camelos
De onde vêm os mosquitos
Que produzem a febre.
De modo assim a combater a febre em Kujan-Bulak, e isto
Em honra do falecido
Mas nunca esquecido
Camarada Lênin.

Assim decidiram. No dia da homenagem conduziram
Seus baldes amassados, cheios do petróleo negro
Um atrás do outro
E regaram o pântano com aquilo.

Eles se ajudaram, ao homenagear Lênin
E o homenagearam, ao se ajudar, e o haviam portanto
Compreendido.

2

Ouvimos como a gente de Kujan-Bulak
Homenageou Lênin. E quando, à noite
O petróleo havia sido comprado e derramado no pântano
Ergueu-se um homem na reunião, e solicitou
Que fosse colocada uma placa na estação
Com a narrativa do acontecimento, descrevendo
Precisamente a mudança do plano e a troca
Do busto de Lênin pelo tonel de petróleo destruidor da febre.
E tudo em homenagem a Lênin.
E também isto fizeram
E colocaram a placa.

A INSCRIÇÃO INVENCÍVEL

No tempo da Guerra Mundial
Em uma cela da prisão italiana de San Carlo
Cheia de soldados aprisionados, de bêbados e ladrões
Um soldado socialista riscou na parede com um estilete:
VIVA LÊNIN!
Bem alto na cela meio escura, pouco visível, mas
Escrito com letras imensas.
Quando os guardas viram, enviaram um pintor com um balde de cal
Que com um pincel de cabo longo cobriu a inscrição ameaçadora.
Mas, como ele apenas acompanhou os traços com a cal
Via-se agora em letras brancas, no alto da cela:
VIVA LÊNIN!
Somente um segundo pintor cobriu tudo com pincel largo
De modo que durante horas desapareceu, mas pela manhã
Quando a cal secou, destacou-se novamente a inscrição:
VIVA LÊNIN!
Então enviaram os guardas um pedreiro com uma faca para eliminar a
          inscrição.
E ele raspou letra por letra, durante uma hora
E quanto terminou, lá estava no alto da cela, incolor
Mas gravada fundo na parede, a inscrição invencível:
VIVA LÊNIN!
Agora derrubem a parede! disse o soldado.

Dos *Poemas de Svendborg*

CARVÃO PARA MIKE

1

Soube que em Ohio
No início deste século
Uma mulher vivia em Bidwell
Mary McCoy, viúva de um ferroviário
De nome Mike McCoy, na pobreza.

2

Toda noite, porém, os guarda-freios lançavam
Dos trovejantes vagões da Wheeling Railroad
Por sobre a cerca, um saco de carvão no canteiro de batatas
Gritando apressados, com voz rouca:
Para Mike!

3

E toda noite, quando o saco de carvão para Mike
Batia na parede traseira do casebre
A velha levantava-se, cobria-se
Bêbada de sono, com o vestido, e escondia o saco de carvão
Presente dos guarda-freios a Mike, que estava morto
Mas não esquecido.

4

E ela levantava-se tão antes da aurora e escondia
O presente da vista do mundo, para que
Os guarda-freios não tivessem problemas
Com a Wheeling Railroad.

5

Este poema é dedicado aos camaradas
Do guarda-freios Mike McCoy
(Que morreu de fraqueza dos pulmões
Nos trens de carvão de Ohio)
Pela camaradagem.

DESTRUIÇÃO DO NAVIO OSKAWA
PELA TRIPULAÇÃO

"No começo de 1922
Fui admitido no cargueiro OSKAWA, de 6.000 toneladas
Construído quatro anos antes por dois milhões de dólares
Pela United States Shipping Board. Em Hamburgo
Pegamos carga, champanhas e licores para o Rio.
Como o pagamento era ruim
Sentimos a necessidade de afundar nossas mágoas
No álcool. Então algumas caixas de champanha
Foram parar nos alojamentos da tripulação. Mas também entre os
          oficiais
Mesmo na ponte e na sala de mapas
Já se ouvia, quatro dias depois de Hamburgo
O tinir dos copos e as canções
De gente despreocupada. — Várias vezes
O navio desviou do seu curso. No entanto
Devido a toda espécie de circunstâncias favoráveis
Alcançamos o Rio de Janeiro. Nosso capitão
Contou cem caixas de champanha a menos
Ao descarregarmos. Contudo
Não encontrando melhor tripulação no Brasil
Ele teve de se arranjar conosco. Carregamos
Mais de mil toneladas de carne congelada para Hamburgo.
Uns poucos dias no mar, fomos novamente tomados de desgosto
Pelo pagamento ruim, pela velhice insegura, e
No desespero, um de nós jogou óleo demais
Na fornalha, e o fogo saindo da chaminé
Tomou a parte superior do navio, de modo que
Os barcos, a ponte e a sala de mapas queimaram. Para não afundar
Cuidamos do fogo, mas
Preocupados com o mau pagamento (futuro incerto!), não nos
Esforçamos demais, para não salvar muito do convés. Podia
Ser facilmente reconstruído com algum custo, afinal

Haviam poupado bastante em nossos salários.
Esforço em demasia na metade da vida
Faz os homens ficarem rapidamente velhos e incapazes na luta pela
    vida.
Assim, porque precisávamos poupar nossas forças
Um belo dia queimaram os dínamos, que pedem o cuidado
Que não pode ser fornecido
Por gente insatisfeita. Agora estávamos
Sem luz. Primeiro utilizamos lâmpadas de óleo
Para não colidir com outros navios, mas
Um marujo cansado, desanimado pelo pensamento
De sua velhice sem alegria, jogou as lâmpadas no mar
Para poupar trabalho. Por esse tempo, já perto da Madeira
A carne começou a feder no porão refrigerado
Devido à pane dos dínamos. Infelizmente
Um marinheiro distraído bombeou fora a água nova
Em vez da água suja. Ainda havia para beber
Mas não para a caldeira. Tivemos então
De usar água salgada para o vapor, e assim
As tubulações ficaram entupidas com o sal. Limpá-las
Exigia tempo demais. Era preciso fazê-lo muitas vezes.
Então houve avaria na casa de máquinas. Com sorriso amarelo
Remendamos tudo. O Oskawa se arrastava lentamente
Em direção à Ilha da Madeira. Lá
Não havia como fazer os consertos
Que eram agora necessários. Arranjamos apenas
Água, algumas lâmpadas e um pouco de óleo para as lâmpadas. Os
    dínamos
Estavam, parecia, inteiramente estragados, e portanto
O sistema de refrigeração não funcionava, e o fedor
Da carne apodrecendo tornou-se insuportável
Para nossos nervos irritados. O capitão
Só andava a bordo com um revólver — uma demonstração
De acintosa desconfiança! Um de nós
Fora de si com tão indigno tratamento
Soltou enfim um jato de vapor nos canos de refrigeração, para que a
    maldita carne
Ao menos cozinhasse. Nesta tarde
Toda a tripulação sentou-se e calculou cuidadosamente

Dos *Poemas de Svendborg*

Quanto o carregamento custaria aos United States. Ainda antes do fim
    da viagem
Conseguimos até melhorar nosso recorde: na costa da Holanda
O combustível acabou subitamente, de modo que
Tivemos de ser rebocados até Hamburgo com grande despesa.
A carne malcheirosa causou ainda muita dor de cabeça ao capitão. O
    navio
Foi para o cemitério de carcaças. Qualquer criança, achamos
Podia ver que o nosso pagamento
Era mesmo muito pouco."

OS TRABALHADORES DE MOSCOU
TOMAM POSSE DO GRANDE METRÔ
EM 27 DE ABRIL DE 1935

Assim nos disseram: 80.000 trabalhadores
Construíram o metrô, muitos após o seu dia de trabalho
Frequentemente varando a noite. Durante este ano
Viam-se sempre rapazes e garotas a sair das galerias
Sorridentes, mostrando orgulhosos as roupas de trabalho
Sujas de lama, molhadas de suor.
Todas as dificuldades —
Correntes subterrâneas, pressão dos edifícios
Massas de terra que cediam — foram vencidas. Na ornamentação
Não se poupou esforço. O melhor mármore
Foi trazido de longe, as mais belas madeiras
Trabalhadas com apuro. Quase sem ruído
Corriam por fim os belos vagões
Pelas galerias claras como dia: para clientes exigentes
O melhor de tudo.
E quando o metrô estava construído, segundo o mais perfeito figurino
E vieram os proprietários para visitá-lo e
Nele viajar, eis que eram os mesmos
Que o haviam construído.
Eram milhares que circulavam
Observando os grandes ambientes, e nos trens
Passavam massas de gente, os rostos —
Homens, mulheres e crianças, também velhos —
Voltados para as estações, radiantes como no teatro, pois as estações
Eram construídas de maneiras diferentes, de diferentes pedras
Em diferentes estilos, e também a luz
Tinha fontes diversas. Quem entrava nos vagões
Era empurrado para trás numa alegre confusão
Pois os lugares dianteiros eram os melhores
Para olhar as estações. Em cada estação
As crianças eram erguidas nos braços. Sempre que possível
Os passageiros irrompiam dos carros e observavam

Dos *Poemas de Svendborg*

Com olhos críticos e felizes o trabalho feito. Apalpavam as colunas
E avaliavam sua lisura. Com os sapatos
Sentiam o chão, a ver se as pedras
Estavam bem ajustadas. Refluindo de volta aos vagões
Examinavam o revestimento das paredes e tocavam
Nos vidros. Continuamente
Homens e mulheres — incertos de serem realmente aqueles —
Apontavam lugares onde haviam trabalhado: a pedra
Tinha os vestígios de suas mãos. Cada rosto
Era bem visível, pois havia luz bastante
De muitas lâmpadas, mais do que em qualquer metrô que conheci.
Também as galerias eram iluminadas, não havia um metro de trabalho
Sem iluminação. E tudo aquilo
Fora construído em apenas um ano, e por tantos construtores
Como nenhuma outra via férrea do mundo. E
Nenhuma outra via tivera tantos proprietários.

Pois esta maravilha de construção testemunhava
O que nenhuma das anteriores, em muitas cidades de muitas épocas
Havia testemunhado: *os próprios construtores como senhores!*
Onde jamais se vira isso, que os frutos do trabalho
Tocassem a quem havia trabalhado? Onde jamais
Não foram expulsos de uma construção
Os que a haviam erguido?
Ao vê-los viajar em seus carros
Obras de suas mãos, nós sabíamos:
Esta é a visão que certa vez
Abalou os Clássicos que a predisseram.

RAPIDEZ DA CONSTRUÇÃO DO SOCIALISMO

Um homem que em 1930 chegou de Nicolaievsk, no rio Amur
Disse, perguntado em Moscou como estavam as coisas por lá:
Como posso saber? Minha viagem
Durou seis semanas, e em seis semanas
Muda tudo por lá.

Dos *Poemas de Svendborg*

O GRANDE OUTUBRO

> No vigésimo aniversário
> da Revolução de Outubro

Ó grande Outubro da classe trabalhadora!
Levantaram-se afinal os que estavam
Por tanto tempo curvados! Ó soldados, que afinal
Dirigiram os fuzis para a direção certa!
Os que lavraram o campo no início do ano
Não o fizeram para si mesmos. No verão
Curvaram-se mais ainda. Mesmo a colheita
Foi para os celeiros dos senhores. Mas o Outubro
Viu o pão já nas mãos certas!

Desde então
O mundo tem sua esperança.
O mineiro do País de Gales, o cule da Manchúria
E o operário da Pensilvânia que vive pior que um cão
E o alemão, meu irmão, que ainda
Inveja aquele: todos
Sabem, existe
Um Outubro.

O soldado da milícia espanhola
Vê por isso com menos preocupação
Os aviões dos fascistas
Que investem contra ele.

Mas em Moscou, a célebre capital
De todos os trabalhadores
Move-se a cada ano na Praça Vermelha
O infindável cortejo dos vencedores.
Levando os emblemas de suas fábricas
Imagens dos tratores, novelos de lãs das fábricas de tecidos
Também feixes de espigas das indústrias de cereais.
Acima deles os aviões de combate

Que escurecem o céu, e à frente deles
Os seus regimentos e esquadrões de tanques.
Em largas faixas
Carregam as suas senhas e
Os retratos dos seus grandes mestres. As faixas
São transparentes, de modo que
Tudo isso é visível a um só tempo.
Pequenas, em mastros delgados
Agitam-se as altas bandeiras. Nas ruas mais distantes
Quando o cortejo para
Animam-se danças e jogos. Alegres
Vão os grupos em desfile, um ao lado do outro, alegres
Mas para todos os opressores
Uma ameaça.

Ó grande Outubro da classe trabalhadora!

Dos *Poemas de Svendborg*

AOS QUE HESITAM

Você diz:
Nossa causa vai mal.
A escuridão aumenta. As forças diminuem.
Agora, depois que trabalhamos por tanto tempo
Estamos em situação pior que no início.

Mas o inimigo está aí, mais forte do que nunca.
Sua força parece ter crescido. Ficou com aparência de invencível.
Mas nós cometemos erros, não há como negar.
Nosso número se reduz. Nossas palavras de ordem
Estão em desordem. O inimigo
Distorceu muitas de nossas palavras
Até ficarem irreconhecíveis.

Daquilo que dissemos, o que é agora falso:
Tudo ou alguma coisa?
Com quem contamos ainda? Somos o que restou, lançados fora
Da corrente viva? Ficaremos para trás
Por ninguém compreendidos e a ninguém compreendendo?

Precisamos ter sorte?

Isto você pergunta. Não espere
Nenhuma resposta senão a sua.

NA MORTE DE UM COMBATENTE DA PAZ

À memória de Carl von Ossietzky

Aquele que não cedeu
Foi abatido
O que foi abatido
Não cedeu.

A boca do que preveniu
Está cheia de terra.
A aventura sangrenta
Começa.
O túmulo do amigo da paz
É pisoteado por batalhões.

Então a luta foi em vão?

Quando é abatido o que não lutou só
O inimigo
Ainda não venceu.

CONSELHO AOS ARTISTAS PLÁSTICOS, SOBRE O DESTINO DE SUAS OBRAS NAS PRÓXIMAS GUERRAS

Hoje pensei nisso
Que também vocês, amigos que pintam e desenham
E vocês, que trabalham com o cinzel
Nos tempos das grandes guerras que certamente se aproximam
Não terão do que sorrir.

Pois não baseiam suas esperanças
Necessárias para a produção de obras de arte
Sobretudo nas gerações vindouras?
Então, para os quadros, desenhos e esculturas
Que produziram à custa de privações
Deverão encontrar bons esconderijos.

Considerem, por exemplo, que os tesouros de arte do Museu Britânico
Roubados com grandes sacrifícios de gente e dinheiro
De todos os quadrantes do mundo, obras
De povos desaparecidos, guardados em um quarteirão
Podem ser transformados em pó por umas poucas bombas
Numa bela manhã, entre as oito e as oito e cinco.
Onde colocar as obras de arte? Não são suficientemente seguros
Os porões de carga dos navios, os sanatórios nos bosques
As caixas-fortes dos bancos, certamente não.

Vocês devem procurar obter permissão
De acomodar suas pinturas nos túneis do metrô
Ou melhor ainda, nos hangares de aviões
Construídos dezenas de metros dentro do solo.
Quadros pintados diretamente nas paredes
Não tomam afinal nenhum espaço
E algumas paisagens e naturezas-mortas
Não incomodarão os pilotos dos bombardeiros.

Contudo, vocês teriam então que colocar em lugares visíveis
Tabuletas com dizeres bem legíveis, indicando que
Em tal ou tal profundidade, sob tal ou tal edifício (ou monte de escombros)
Existe uma pequena tela sua, representando
O rosto de sua mulher.

Para que as gerações vindouras, seu consolo que ainda não nasceu
Saibam que em nossa época houve arte
E façam pesquisas, cavando ruínas com pás
Enquanto o sentinela em pele de urso
Em cima do arranha-céu, sobre os joelhos a espingarda
(Ou o arco) fica à espreita do inimigo ou do pássaro
Que anseia para saciar seu estômago vazio.

NO NASCIMENTO DE UM FILHO

                (Segundo poema chinês de
                Su Tung-po, 1036-1101)

Famílias, quando lhes nascer um filho
Façam votos de que seja inteligente.
Eu, que pela inteligência
Arruinei minha vida
Posso apenas desejar
Que meu filho se revele
Parvo e tacanho.
Assim terá uma vida tranquila
Como ministro do governo.

EPITÁFIO PARA GÓRKI

Aqui jaz
O enviado dos bairros da miséria
O que descreveu os atormentadores do povo
E aqueles que os combateram
O que foi educado nas ruas
O de baixa extração
Que ajudou a abolir o sistema de Alto e Baixo
O mestre do povo
Que aprendeu com o povo.

Dos *Poemas de Svendborg*

SÁTIRAS ALEMÃS

A QUEIMA DE LIVROS

Quando o regime ordenou que fossem queimados publicamente
Os livros que continham saber pernicioso, e em toda parte
Fizeram bois arrastarem carros de livros
Para as pilhas em fogo, um poeta perseguido
Um dos melhores, estudando a lista dos livros queimados
Descobriu, horrorizado, que os seus
Haviam sido esquecidos. A cólera o fez correr
Célere até sua mesa, e escrever uma carta aos donos do poder.
Queimem-me! Escreveu com pena veloz. Queimem-me!
Não me façam uma coisa dessas! Não me deixem de lado! Eu não
Relatei sempre a verdade em meus livros? E agora tratam-me
Como um mentiroso! Eu lhes ordeno:
Queimem-me!

DIFICULDADE DE GOVERNAR

1

Os ministros não cansam de dizer ao povo
Como é difícil governar. Sem os ministros
O grão de trigo cresceria para baixo, não para cima.
Nenhum pedaço de carvão sairia das minas
Se o Chanceler não fosse tão sábio. Sem o Ministro da Propaganda
Nenhuma mulher ficaria grávida. Sem o Ministro da Guerra
Jamais haveria guerra. Sim, se o sol se levantaria de manhã
Sem a permissão do Führer
É inteiramente discutível, e se o fizesse
Seria no lugar errado.

2

Igualmente difícil é, eles nos dizem
Dirigir uma fábrica. Sem o proprietário
As paredes desmoronariam e as máquinas enferrujariam, dizem.
Mesmo que em algum lugar se fabricasse um arado
Ele nunca chegaria a um campo
Sem as palavras sabidas que o empresário escreve aos camponeses:
          senão
Quem poderia informá-los que existem arados? E o que
Seria de uma fazenda sem o fazendeiro? Certamente
Semeariam centeio onde já se encontram batatas.

3

Se governar fosse fácil
Não seriam necessários espíritos iluminados como o Führer.
Se o trabalhador soubesse como utilizar sua máquina
E o agricultor soubesse distinguir um campo de uma tábua de fazer
          macarrão
Não seriam necessários industriais e fazendeiros.
Somente porque todos são tão estúpidos
Precisa-se de alguns tão espertos.

4

Ou é possível que
Governar seja tão difícil
Apenas porque a fraude e a exploração
Exigem algum aprendizado?

NECESSIDADE DA PROPAGANDA

1

É possível que em nosso país nem tudo ande como deveria andar.
Mas ninguém pode negar que a propaganda é boa.
Mesmo os famintos devem admitir
Que o Ministro da Alimentação fala bem.

2

Quando o regime liquidou mil homens
Num único dia, sem investigação nem processo
O Ministro da Propaganda louvou a paciência infinita do Führer
Que havia esperado tanto para ter a matança
E havia acumulado os patifes de bens e distinções
Fazendo-o num discurso tão magistral, que
Naquele dia não só os parentes das vítimas
Mas também os próprios algozes choraram.

3

E quando em um outro dia o maior dirigível do Reich
Se desfez em chamas, porque o haviam enchido de gás inflamável
Poupando o gás não inflamável para fins de guerra
O Ministro da Aeronáutica prometeu diante dos caixões dos mortos
Que não se deixaria desencorajar, o que ocasionou
Uma grande ovação. Dizem que houve aplausos
Até mesmo de dentro dos caixões.

Dos *Poemas de Svendborg*

4

E como é exemplar a propaganda
Do lixo e do livro do Führer!
Todo mundo é levado a recolher o livro do Führer
Onde quer que esteja jogado.
Para propagar o hábito de juntar trapos*, o poderoso Göring
Declarou-se o maior "juntador de crápulas" de todos os tempos
E para acomodar os crápulas* fez construir
No centro da capital do Reich
Um palácio ele mesmo do tamanho de uma cidade.

5

Um bom propagandista
Transforma um monte de esterco em local de veraneio.
Quando não há manteiga, ele demonstra
Como um talhe esguio faz um homem esbelto.
Milhares de pessoas que o ouvem discorrer sobre as autoestradas
Alegram-se como se tivessem carros.
Nos túmulos dos que morreram de fome ou em combate
Ele planta louros. Mas já bem antes disso
Falava de paz enquanto os canhões passavam.

6

Somente através de propaganda perfeita
Pôde-se convencer milhões de pessoas
Que o crescimento do Exército constitui obra de paz
Que cada novo tanque é uma pomba da paz
E cada novo regimento uma prova de
Amor à paz.

---

* A palavra alemã *Lumpen* tem os dois sentidos, "trapos" e "crápulas". (N. do T.)

7

Mesmo assim: bons discursos podem conseguir muito
Mas não conseguem tudo. Muitas pessoas
Já se ouve dizerem: pena
Que a palavra "carne" apenas não satisfaça, e
Pena que a palavra "roupa" aqueça tão pouco.
Quando o Ministro do Planejamento faz um discurso de louvor à nova
        impostura
Não pode chover, pois seus ouvintes
Não têm com que se proteger.

8

Ainda algo mais desperta dúvidas
Quanto à finalidade da propaganda: quanto mais propaganda há em
        nosso país
Tanto menos há em outros países.

Dos *Poemas de Svendborg*

OS MEDOS DO REGIME

1

Um estrangeiro, voltando de uma viagem ao Terceiro Reich
Ao ser perguntado quem realmente governava lá, respondeu:
O medo.

2

Amedrontado
O erudito para no meio de uma discussão e observa
Pálido, as paredes finas do seu gabinete. O professor
Não consegue dormir, preocupado
Com uma frase ambígua que o inspetor deixou escapar.
A velha senhora na mercearia
Coloca os dedos trêmulos sobre a boca, para conter
O xingamento sobre a farinha ruim. Amedrontado
O médico vê as marcas de estrangulamento em seu paciente, e cheios
             de medo
Os pais olham os filhos como se olhassem para traidores.
Mesmo os moribundos
Amortecem a voz que sai com dificuldade, ao
Despedirem-se dos seus parentes.

3

Mas também os camisas-marrons
Têm medo do homem que não levanta o braço
E ficam aterrorizados diante daquele
Que lhes deseja um bom dia.
As vozes agudas dos que dão ordens

Têm tanto medo quanto os guinchos
Dos porcos a esperar a faca do açougueiro, e os mais gordos traseiros
Transpiram medo nas cadeiras de escritório.
Impelidos pelo medo
Eles irrompem nas casas e fazem buscas nos sanitários
E é o medo que os faz
Queimar bibliotecas inteiras. Assim
O temor domina não apenas os dominados, mas também
Os dominadores.

4

Por que
Temem tanto a palavra clara?

5

Em vista do poder imenso do regime
De seus campos de concentração e câmaras de tortura
De seus bem nutridos policiais
Dos juízes intimidados ou corruptos
De seus arquivos com as listas de suspeitos
Que ocupam prédios inteiros até o teto
Seria de acreditar que ele não temeria
Uma palavra clara de um homem simples.

6

Mas esse Terceiro Reich lembra
A construção do assírio Tar, aquela fortaleza poderosa
Que, diz a lenda, não podia ser tomada por nenhum exército, mas que
Através de uma única palavra clara, pronunciada no interior
Desfez-se em pó.

Dos *Poemas de Svendborg*

O QUE O FÜHRER NÃO SABE

Na opinião de muita gente do povo
O Führer não sabe
Que o seu Ministro da Educação está sempre bêbado
E o seu Líder da Frente de Trabalho nunca sóbrio
Que o seu Ministro da Propaganda mente quando abre a boca
Que o seu Ministro da Guerra prepara a guerra
Que o seu Ministro da Polícia tem contra o seu Ministro da
            Aeronáutica
Provas de que através de suborno ele permitiu
Que seus industriais fornecessem máquinas ruins ao Estado.
Na opinião de muita gente do povo
O Führer também não sabe
Que em suas prisões homens são espancados até a morte
Que as crianças de suas associações denunciam seus pais à polícia
Que o dinheiro da assistência de inverno desaparece, e alguns vivem
            dele no verão
Que filhos de mães alemãs são vendidos na Espanha
Que os industriais triplicaram seus lucros.
Se o Führer soubesse tudo isso
Mandaria chamar
Algumas pessoas honradas
(De preferência de um de seus campos de concentração)
E lhes pediria para lhe pendurar uma tabuleta no pescoço, na qual
            estivesse:
Eu era um Führer na sarjeta
E assim com a tabuleta no pescoço andaria pelo país arruinado
Para que todos tivessem conhecimento?
Ele faria isso? O que acham?

O JUDEU, UMA DESGRAÇA PARA O POVO

Como informam os alto-falantes do regime
Em nosso país os judeus são culpados por todas as desgraças.
Sendo a liderança muito sábia
Como sempre enfatizou
As irregularidades, cada vez mais frequentes
Podem vir apenas dos judeus, cada vez em menor número.
Somente os judeus são culpados pela fome que o povo tem
Apesar de os grandes proprietários de terras se matarem de trabalhar
                nos campos
E apesar dos industriais do Ruhr comerem apenas as migalhas das
                mesas dos trabalhadores.
E somente o judeu pode estar por trás, quando
Falta trigo para o pão porque
Os militares tomaram tantas terras
Para suas casernas e seus locais de treinamento, que
A sua extensão é igual à de uma província. Portanto
Sendo o judeu uma desgraça para o povo
Não deve ser difícil para o povo
Reconhecer um judeu. Para isso não precisa de
Registros de nascimento ou sinais exteriores —
Pois tudo isso pode enganar —, precisa apenas perguntar:
Este ou aquele homem é uma desgraça para nós? Então
É um judeu. Uma desgraça não se reconhece
Pelo nariz, mas pelo fato
De nos prejudicar. A desgraça não são os narizes
São os atos. Não é necessário
Ter um nariz diferente
Para espoliar o povo, é necessário apenas
Pertencer ao regime! Todos sabem
Que o regime é uma desgraça para o povo, logo

Dos *Poemas de Svendborg*

Se todas as desgraças vêm dos judeus, o regime
Só pode vir dos judeus. Mas é evidente!

O GOVERNO COMO ARTISTA

1

Na construção de palácios e estádios
Gasta-se muito dinheiro. Nisso
O governo se parece com o jovem artista que
Não teme a fome, quando se trata
De tornar seu nome famoso. No entanto
A fome que o governo não teme
É a fome de outros, ou seja
Do povo.

2

Assim como o artista
O governo dispõe de poderes sobrenaturais
Sem que lhe digam algo
Sabe de tudo. O que sabe fazer
Não aprendeu. Nada aprendeu.
Sua formação tem falhas, entretanto
É magicamente capaz
De em tudo interferir, tudo determinar
Também o que não compreende.

3

Um artista pode, como se sabe, ser um tolo e no entanto
Ser um grande artista. Também nisso
O governo parece um artista. Dizem de Rembrandt
Que ele não pintaria de outra maneira, se tivesse nascido sem mãos
Assim também pode-se dizer do governo

Dos *Poemas de Svendborg*

Que não governaria de outro modo
Tivesse nascido sem cabeça.

4

Espantoso no artista
É o dom da invenção. Quando ouvimos o governo
Descrevendo a situação, dizemos
Como inventa! Pela economia
O artista tem apenas desprezo, e bem assim
É notório como o governo despreza a economia. Naturalmente
Ele tem alguns ricos patronos. E como todo artista
Vive do dinheiro que arrecada.

PROIBIÇÃO DA CRÍTICA TEATRAL

Quando o Ministro da Propaganda
Quis proibir a crítica do povo ao governo, proibiu
A crítica teatral. O regime
Ama o teatro. Suas realizações
Situam-se principalmente no âmbito teatral.
Ao virtuosismo na manipulação do holofote
Ele deve tanto quanto
Ao virtuosismo na manipulação do cassetete.
Suas noites de gala
São transmitidas pelo rádio para todo o Reich.
Em três filmes colossais
Dos quais o último tem oito mil metros de comprimento
O ator principal representou o Führer.
Para fortalecer o amor do povo ao teatro
A frequência às apresentações foi tornada obrigatória.
Todo ano, no dia primeiro de maio
Quando o primeiro comediante do Reich
Representa um ex-trabalhador
Os espectadores são até mesmo pagos pelo espetáculo: dois marcos
Por pessoa. Não há preocupação com despesas no festival
Que se realiza próximo a Bayreuth, sob o título de DIA DO
          PARTIDO.
O próprio Chanceler
Sobe ao palco como um tolo e canta
Duas vezes durante o dia a famosa ária
NÃO DEVES JAMAIS ME QUESTIONAR.
É claro que espetáculos tão dispendiosos
Devem ser protegidos de qualquer crítica.
Aonde se chegaria
Se cada um pudesse criticar

Dos *Poemas de Svendborg*

Que o líder da juventude do Reich, Baldur, está maquiado demais
Ou que o Ministro da Propaganda fala com um tom tão falso, que
Ninguém acredita em nada mais dele, nem mesmo
Em seu pé aleijado? Sobretudo, em todo esse teatro
Deve ser absolutamente proibido que a crítica se torne pública, sim,
              não pode
Sequer ser dito o que é representado
Quem financia a apresentação e
Quem faz o papel principal.

PENSAMENTOS SOBRE A DURAÇÃO DO EXÍLIO

1

Não coloque prego nenhum na parede
Jogue o casaco na cadeira.
Por que fazer planos para quatro dias?
Amanhã você volta.

Deixe a arvorezinha sem água.
Para que plantar mais uma árvore?
Antes que ela tenha um palmo de altura
Você irá embora, contente.

Desça o boné sobre os olhos, ao cruzar com as pessoas.
Para que estudar uma gramática estrangeira?
A notícia que lhe chama para casa
Está escrita numa língua conhecida.

Assim como a cal desprende da parede
(Nada faça quanto a isso!)
Apodrecerá a cerca da violência
Que foi erguida na fronteira
Para manter longe a justiça.

2

Olhe para o prego que colocou na parede:
Quando acha que voltará?
Quer saber o que pensa no mais íntimo?

Dia após dia
Você trabalha para a libertação.
Sentado no quarto, escreve.

Dos *Poemas de Svendborg*

Quer saber o que acha de seu trabalho?
Olhe a pequena castanheira no canto do jardim
Para a qual você levou o jarro d'água

LOCAL DE REFÚGIO

Há um remo no telhado. Um vento brando
Não empurrará a palha.
No pátio foram enfiados postes
Para o balanço das crianças.
O correio chega duas vezes ao dia
Onde cartas seriam bem-vindas.
Pelo estreito vêm os *ferry-boats*
A casa tem quatro portas, para por elas fugir.

Dos *Poemas de Svendborg*

EXPULSO POR BOM MOTIVO

Eu cresci como filho
De gente abastada. Meus pais
Me colocaram um colarinho, e me educaram
No hábito de ser servido
E me ensinaram a dar ordens. Mas quando
Já crescido, olhei em torno de mim
Não me agradaram as pessoas da minha classe,
Nem dar ordens nem ser servido
Então deixei minha classe e me juntei
À gente pequena.

Assim
Eles criaram um traidor, ensinaram-lhe
Suas artes, e ele
Denuncia-os ao inimigo.

Sim, eu conto seus segredos. Fico
Entre o povo e explico
Como eles trapaceiam, e digo o que virá, pois
Estou instruído em seus planos.
O latim de seus clérigos corruptos
Traduzo palavra por palavra em linguagem comum, então
Ele se revela uma farsa. Tomo
A balança da sua justiça e mostro
Os pesos falsos. E os seus informantes relatam
Que me encontro entre os despossuídos, quando
Tramam a revolta.

Eles me advertiram e me tomaram
O que ganhei com meu trabalho. E quando não me corrigi
Eles foram me caçar, mas
Em minha casa

Encontraram somente escritos que expunham
Suas tramas contra o povo. Então
Enviaram uma ordem de prisão
Acusando-me de ter ideias baixas, isto é
As ideias da gente baixa.

Aonde vou sou marcado
Aos olhos dos possuidores, mas os despossuídos
Leem a ordem de prisão
E me oferecem abrigo. Você, dizem
Foi expulso por bom motivo.

Dos *Poemas de Svendborg*

AOS QUE VÃO NASCER

1

É verdade, eu vivo em tempos negros.
Palavra inocente é tolice. Uma testa sem rugas
Indica insensibilidade. Aquele que ri
Apenas não recebeu ainda
A terrível notícia.

Que tempos são esses, em que
Falar de árvores é quase um crime
Pois implica silenciar sobre tantas barbaridades?
Aquele que atravessa a rua tranquilo
Não está mais ao alcance de seus amigos
Necessitados?

Sim, ainda ganho meu sustento
Mas acreditem: é puro acaso. Nada do que faço
Me dá direito a comer a fartar.
Por acaso fui poupado. (Se minha sorte acaba, estou perdido.)

As pessoas me dizem: Coma e beba! Alegre-se porque tem!
Mas como posso comer e beber, se
Tiro o que como ao que tem fome
E meu copo d'água falta ao que tem sede?
E no entanto eu como e bebo.

Eu bem gostaria de ser sábio.
Nos velhos livros se encontra o que é sabedoria:
Manter-se afastado da luta do mundo e a vida breve
Levar sem medo
E passar sem violência
Pagar o mal com o bem

Não satisfazer os desejos, mas esquecê-los
Isto é sábio.
Nada disso sei fazer:
É verdade, eu vivo em tempos negros.

2

À cidade cheguei em tempo de desordem
Quando reinava a fome.
Entre os homens cheguei em tempo de tumulto
E me revoltei junto com eles.
Assim passou o tempo
Que sobre a terra me foi dado.

A comida comi entre as batalhas
Deitei-me para dormir entre os assassinos
Do amor cuidei displicente
E impaciente contemplei a natureza.
Assim passou o tempo
Que sobre a terra me foi dado.

As ruas de meu tempo conduziam ao pântano.
A linguagem denunciou-me ao carrasco.
Eu pouco podia fazer. Mas os que estavam por cima
Estariam melhor sem mim, disso tive esperança.
Assim passou o tempo
Que sobre a terra me foi dado.

As forças eram mínimas. A meta
Estava bem distante.
Era bem visível, embora para mim
Quase inatingível.
Assim passou o tempo
Que nesta terra me foi dado.

3

Vocês, que emergirão do dilúvio
Em que afundamos

Dos *Poemas de Svendborg*

Pensem
Quando falarem de nossas fraquezas
Também nos tempos negros
De que escaparam.
Andávamos então, trocando de países como de sandálias
Através das lutas de classes, desesperados
Quando havia só injustiça e nenhuma revolta.

Entretanto sabemos:
Também o ódio à baixeza
Deforma as feições.
Também a ira pela injustiça
Torna a voz rouca. Ah, e nós
Que queríamos preparar o chão para o amor
Não pudemos nós mesmos ser amigos.

Mas vocês, quando chegar o momento
Do homem ser parceiro do homem
Pensem em nós
Com simpatia.

1938-1941

VISÕES

PARADA DO VELHO NOVO

Eu estava sobre uma colina e vi o Velho se aproximando, mas ele vinha como se fosse o Novo.
Ele se arrastava em novas muletas, que ninguém antes havia visto, e exalava novos odores de putrefação, que ninguém antes havia cheirado.
A pedra passou rolando como a mais nova invenção, e os gritos dos gorilas batendo no peito deveriam ser as novas composições.
Em toda parte viam-se túmulos abertos vazios, enquanto o Novo movia-se em direção à capital.
E em torno estavam aqueles que instilavam horror e gritavam: Aí vem o Novo, tudo é novo, saúdem o Novo, sejam novos como nós! E quem escutava, ouvia apenas os seus gritos, mas quem olhava, via pessoas que não gritavam.
Assim marchou o Velho, travestido de Novo, mas em cortejo triunfal levava consigo o Novo e o exibia como Velho.
O Novo ia preso em ferros e coberto de trapos; estes permitiam ver o vigor de seus membros.
E o cortejo movia-se na noite, mas o que viram como a luz da aurora era a luz de fogos no céu. E o grito: Aí vem o Novo, tudo é novo, saúdem o Novo, sejam novos como nós! seria ainda audível, não tivesse o trovão das armas sobrepujado tudo.

1938-1941

O PARTO DA GRANDE BABEL

Ao chegar sua hora, ela retirou-se para o mais íntimo de seus aposentos e cercou-se de médicos e adivinhos.
Havia sussurros. Na casa entraram homens importantes com rostos sérios, e saíram com rostos preocupados, empalidecidos. E o preço da maquiagem branca dobrou nas lojas de beleza.
Na rua juntava-se o povo e permanecia da manhã à noite, de estômago vazio.
A primeira coisa que se ouviu soou como um forte peido nos caibros do telhado, seguida de um forte grito de "PAZ!", depois do que o fedor aumentou.
Imediatamente após, sangue jorrou num jato fino e débil.
E agora vinham outros sons em sucessão interminável, cada um mais terrível que o outro.
A Grande Babel vomitou e aquilo soou como LIBERDADE!, e tossiu e aquilo soou como JUSTIÇA!, e peidou novamente e aquilo soou como BEM-ESTAR! E levaram à sacada envolta num lençol em sangue uma criança aos berros e a mostraram ao povo sob o som dos sinos, e ela era a GUERRA.
E tinha mil pais.

CARTILHA DE GUERRA ALEMÃ (II)

O PINTOR DIZ:
Quanto mais canhões forem fabricados
Mais longa será a paz.

Assim seria certo dizer:
Quando mais grãos forem semeados
Menos cereal crescerá.
Quanto mais vitelas forem mortas
Menos carne haverá.
Quanto mais neve se dissolver na montanha
Mais secos serão os rios.

NA GUERRA MUITAS COISAS CRESCERÃO
    Ficarão maiores
    As propriedades dos que possuem
    E a miséria dos que não possuem
    As falas do Guia*
    E o silêncio dos guiados.

SE OS CAMPOS DOS JUNKER FOREM DIVIDIDOS
Não será preciso conquistar os campos dos camponeses ucranianos.
Se os campos dos camponeses ucranianos forem conquistados
Os Junker apenas terão mais campos.

---

* *Führer*. (N. do T.)

1938-1941

AQUELES QUE LUTAVAM CONTRA SEU PRÓPRIO POVO
Lutam agora contra outros povos.
Novos escravos
Se juntarão aos velhos.

AS MOÇAS SOB AS ÁRVORES DA ALDEIA
Escolhem os namorados.
A morte
Também.

É NOITE
    Os casais
    Deitam-se nos leitos. As mulheres
    Parirão órfãos.

OS VELHOS
Levam dinheiro à caixa econômica
Diante da caixa econômica estão carros.
Eles levam o dinheiro
Para as fábricas de munição.

OS ANÚNCIOS DO GOVERNO
    Acompanham os boatos
    Como sombras.
    Os governantes rugem
    O povo sussurra.

PARA QUE CONQUISTAR MERCADOS PARA OS PRODUTOS
Que os trabalhadores fabricam?
Os trabalhadores
Ficariam de bom grado com eles.

O FÜHRER LHES DIRÁ: A GUERRA
Dura quatro semanas. Quando chegar o outono
Vocês estarão de volta. Mas
O outono virá e passará
E tornará a vir e passar muitas vezes
E vocês não voltarão.
O pintor lhes dirá: as máquinas
Farão tudo por nós. Bem poucos
Precisarão morrer. Mas
Vocês morrerão às centenas de milhares, tantos
Como nunca se viu morrer.
Quando eu ouvir que vocês estão no Polo Norte
Ou na Índia ou no Transvaal, apenas saberei
Onde um dia se encontrarão seus túmulos.

A ESPERANÇA DO MUNDO

1

Seria a opressão tão antiga quanto o musgo dos lagos?
Não se pode evitar o musgo dos lagos.
Seria tudo o que vejo natural, e estaria eu doente, ao desejar remover o irremovível?
Li canções dos egípcios, dos homens que construíram as pirâmides. Queixavam-se do seu fardo e perguntavam quando terminaria a opressão. Isto há quatro mil anos.
A opressão é talvez como o musgo, inevitável.

2

Se uma criança surge diante de um carro, puxam-na para a calçada. Não o homem bom, a quem erguem monumentos, faz isso. Qualquer um retira a criança da frente do carro.
Mas aqui muitos estão sob o carro, e muitos passam e nada fazem.
Seria porque são tantos os que sofrem? Não se deve mais ajudá-los, por serem tantos? Ajudam-nos menos.
Também os bons passam, e continuam sendo tão bons como eram antes de passarem.

3

Quanto mais numerosos os que sofrem, mais naturais parecem seus sofrimentos, portanto. Quem deseja impedir que se molhem os peixes do mar?
E os sofredores mesmos partilham dessa dureza contra si e deixam que lhes falte bondade entre si.
É terrível que o homem se resigne tão facilmente com o existente, não só com as dores alheias, mas também com as suas próprias.
Todos os que meditaram sobre o mau estado das coisas recusam-se a apelar

à compaixão de uns por outros. Mas a compaixão dos oprimidos pelos oprimidos é indispensável.
Ela é a esperança do mundo.

O POVO É INFALÍVEL?

1

Meu professor
O grande, amigo
Foi fuzilado, condenado por um tribunal do povo
Como espião. Seu nome é maldito.
Seus livros foram destruídos. Falar dele
É suspeito, proibido.
E se ele era inocente?

2

Os filhos do povo o consideraram culpado.
Os kolkozes e as fábricas dos trabalhadores
As mais heroicas instituições do mundo
Viram nele um inimigo.
Nenhuma voz levantou-se por ele.
E se ele era inocente?

3

O povo tem muitos inimigos.
Nas mais altas posições
Encontram-se inimigos. Nos mais úteis laboratórios
Encontram-se inimigos. Eles constroem
Canais e represas para o bem de continentes inteiros e
Os canais se desmancham e as represas se rompem.
O líder deve ser fuzilado.
E se ele era inocente?

4

O inimigo anda disfarçado.
Usa o boné de trabalhador caído sobre o rosto. Os amigos
Conhecem-no como trabalhador esforçado. Sua mulher
Mostra os furos nos sapatos
Que ele gastou a serviço do povo.
No entanto, é um inimigo. Seria meu professor um desses?
E se ele era inocente?

5

Falar sobre os inimigos que podem ser levados aos tribunais do povo
É perigoso, pois os tribunais precisam manter sua autoridade.
Exigir documentos que provem a culpa preto no branco
É absurdo, pois não podem existir tais documentos.
Os criminosos têm nas mãos provas de sua inocência.
Então é melhor silenciar?
E se ele era inocente?

6

O que 5.000 construíram, um pode destruir.
Entre 50 condenados
Um pode ser inocente.
E se ele era inocente?

7

Se ele era inocente
Como pôde ir para a morte?

MAU TEMPO PARA A POESIA

Sim, eu sei: só o homem feliz
É querido. Sua voz
É ouvida com prazer. Seu rosto é belo.

A árvore aleijada no quintal
Indica o solo pobre, mas
Os passantes a maltratam por ser um aleijão
E estão certos.

Os barcos verdes e as velas alegres da baía
Eu não enxergo. De tudo
Vejo apenas a rede partida dos pescadores.
Por que falo apenas
Da camponesa de quarenta anos que anda curvada?
Os seios das meninas
São quentes como sempre.

Em minha canção uma rima
Me pareceria quase uma insolência.

Em mim lutam
O entusiasmo pela macieira que floresce
E o horror pelos discursos do pintor.
Mas apenas o segundo
Me conduz à escrivaninha.

MAU TEMPO PARA A JUVENTUDE

Em vez de brincar no bosque com os companheiros
Meu filho se debruça sobre os livros
E lê de preferência
Sobre as negociatas dos financistas
E as carnificinas dos generais.
Quando lê que nossas leis
Proíbem aos pobres e aos ricos
Dormir sob as pontes
Ouço sua risada divertida.
Quando descobre que o autor de um livro foi subornado
Ilumina-se seu rosto jovem. Eu aprovo isso
Mas gostaria de poder lhe oferecer
Uma juventude em que ele
Fosse brincar no bosque com os companheiros.

A LISTA DE NECESSIDADES

Conheço muitos que andam com uma folha
Que contém o que necessitam.
Quem chega a ver a lista diz: é muito.
Mas quem a escreveu diz: é o mínimo.

Alguns no entanto mostram orgulhosos sua lista
Que contém muito pouco.

A FORTALEZA EUROPA

A Europa é a fortaleza de Hitler
Diz Goebbels a cada criança.
Mas onde já se viu uma fortaleza
Onde os inimigos estão não só do lado de fora
Mas também do lado de dentro?

SOBRE A ALEMANHA

Vós, amáveis bosques bávaros, vós, cidades do Meno
Montanhas de pinheiros do Hesse, umbrosa Floresta Negra
Vós ficareis.
Encostas vermelhas da Turíngia, arbustos modestos de Brandemburgo
E vós, cidades negras do Ruhr, atravessadas por barcas de ferro
Por que não deveis ficar?
Também tu, Berlim feita de muitas cidades
Laboriosa sob e acima do asfalto, podes ficar, e vós
Portos hanseáticos, vós, cidades fervilhantes
Da Saxônia, vós ficareis, e vós, cidades silésias
Cobertas de fumaça, a olhar para o Leste, ficareis também.
Apenas a escória de generais e gauleiters
Apenas os senhores da indústria e os corretores da bolsa
Apenas os grandes proprietários e os intendentes devem desaparecer.
Céu e terra e vento e tudo realizado pelos homens
Podem ficar, mas
A canalha dos exploradores, isto
Não pode ficar.

FINLÂNDIA 1940

1

Agora somos refugiados
Na Finlândia.

Minha filha pequena
No fim da tarde volta para casa aborrecida, pois
Com ela nenhuma criança quer brincar. Ela é alemã.
Pertence a um povo de saqueadores.

Quando troco palavras fortes numa discussão
Dizem-me para ficar quieto. Aqui não apreciam
Palavras fortes de alguém
Que vem de um povo de saqueadores.

Quando lembro a minha filha
Que os alemães são um povo de saqueadores
Ela se alegra comigo por eles não serem amados
E nós rimos juntos.

2

A mim, que descendo de camponeses
Causa contrariedade ver
Como o pão é jogado fora.
Compreende-se
Como odeio a guerra deles!

3

Bebendo uma garrafa de vinho
Nossa amiga finlandesa nos descrevia
Os estragos de guerra em seu jardim de cerejeiras.
O vinho que bebemos vem dele, disse ela.
Esvaziamos nossos copos
Em memória ao jardim devastado
E à razão.

4

Este é o ano do qual se falará.
Este é o ano do qual se calará.

Os velhos veem os jovens morrerem.
Os tolos veem os sábios morrerem.

A terra já não sustenta, devora.
O céu não lança chuva, somente ferro.

POEMAS SOBRE O TEATRO

REPRESENTAÇÃO DE PASSADO E PRESENTE EM UM

Aquilo que vocês representam, procurem representá-lo
Como se acontecesse agora. Encantada
A multidão está no escuro, em silêncio, transportada
De seu cotidiano. Agora
Trazem à mulher do pescador o filho, que
Os generais mataram. O que antes aconteceu
Neste local, se dissipou. O que aqui acontece,
Acontece agora, e somente uma vez. A atuar assim
Vocês estão habituados, eu lhes aconselho agora
A juntar um outro hábito a este. Em sua atuação exprimir também
Que esse instante é repetido
Com frequência em seu palco, que ainda ontem
Foi encenado, e assim também amanhã
Bastando que haja espectadores, haverá representação.
Do mesmo modo, não devem fazer esquecer
Através do Agora, o Antes e o Depois
Nem tudo aquilo que agora mesmo acontece
Fora do teatro, que é da mesma espécie
Tampouco o que nada tem a ver
Devem deixar inteiramente esquecer. Devem apenas
Destacar o instante, e nisso não esconder
Aquilo do qual o destacam. Deem à atuação aquela
Característica de-uma-coisa-após-a-outra, aquela atitude
De trabalhar o que se propuseram. Assim
Mostram o fluir dos acontecimentos e o decorrer
De seu trabalho, e permitem ao espectador
Vivenciar esse Agora de muitas maneiras, como vindo do Antes e se
Estendendo no Depois e tendo agora
Outras coisas mais ao lado. Ele não está apenas
Em seu teatro, mas também
No mundo.

1938-1941

SOBRE O JULGAMENTO

Vocês, artistas que, para seu prazer e seu desgosto
Entregam-se ao julgamento da plateia, deixem-se convencer a
De agora em diante entregar ao julgamento da plateia
Também o mundo que apresentam.

Devem representar o que é; mas também insinuar
O que poderia ser e não é e seria bom que fosse
Ao representarem o que é. Que a partir do seu retrato
A plateia aprenda a lidar com o que ali é retratado.
Que o aprendizado dê prazer. Como uma arte
Seja o aprender ensinado, e também o lidar com coisas e homens
Ensinem como arte, pois praticar a arte dá prazer.

É certo que vivem num tempo negro.
Veem o homem como um brinquedo
Nas mãos de forças ruins. Sem preocupação
Vive apenas o tolo. Destinado à ruína
Está o ingênuo. O que eram os terremotos
Da antiguidade cinzenta, frente às devastações
Que vivemos? O que eram más colheitas
Frente à miséria que nos aflige em meio à abundância?

SOBRE O TEATRO COTIDIANO

Vocês, artistas que fazem teatro
Em grandes casas, sob sóis artificiais
Diante da multidão calada, procurem de vez em quando
O teatro que é encenado na rua.
Cotidiano, vário e anônimo, mas
Tão vívido, terreno, nutrido da convivência
Dos homens, o teatro que se passa na rua.
Aqui a vizinha imita o proprietário, deixa claro
Demonstrando sua verbosidade
Como ele busca desviar a conversa
Do cano d'água que arrebentou. À noite, nos parques
Rapazes mostram à garotas risonhas
Como elas resistem, e resistindo
Mostram habilmente os seios. E aquele bêbado
Mostra o pastor em sua prédica, remetendo
Os despossuídos
Aos ricos pastos do paraíso. Como é útil
Esse teatro, como é sério e divertido
E digno! Não como papagaios e macacos
Imitam eles, apenas pela imitação em si, indiferentes
Aos que imitam, apenas para mostrar
Que sabem imitar bem; não, eles têm
Objetivos à frente. Que vocês, grandes artistas
Imitadores magistrais, não fiquem nisso
Abaixo deles. Não se distanciem
Por mais que aperfeiçoem sua arte
Daquele teatro cotidiano
Cujo cenário é a rua.
Vejam aquele homem na esquina! Ele mostra
Como ocorreu o acidente. Neste momento

Entrega ele o motorista ao julgamento da multidão. Como
Ele estava ao volante, e agora
Imita o atropelado, aparentemente
Um homem velho. De ambos transmite
Apenas o tanto para tornar o acidente inteligível, porém
O bastante para que apareçam claramente. Mas ele
Não mostra ambos como incapazes
De evitar um acidente. O acidente
Torna-se assim inteligível e também ininteligível, pois ambos
Podiam fazer outros movimentos; agora ele mostra como
Eles poderiam ter-se movimentado, para que o acidente
Não acontecesse. Não há superstição
Nessa testemunha, ele não vê
Os mortais como vítimas dos astros, somente
Dos próprios erros.

Notem também
Sua seriedade e o cuidado da sua imitação. Ele sabe
Que da sua exatidão muito depende: se o inocente
Escapa à ruína, se o prejudicado
É compensado. Vejam-no
A repetir o que já fez. Hesitante
Pedindo ajuda à memória, incerto
De que a imitação seja boa, interrompendo
Solicitando a um outro que
Corrija isso ou aquilo. Isto
Observem com reverência!
E com assombro
Queiram observar algo: que este imitador
Nunca se perde em sua imitação. Ele nunca se transforma
Inteiramente no homem que imita. Sempre
Permanece o que mostra, o não envolvido ele mesmo. Aquele
Não o instrui, ele
Não partilha seus sentimentos
Nem suas concepções. Dele sabe
Bem pouco. Em sua imitação
Não surge um terceiro, dele e do outro
De ambos formado, no qual
Um coração batesse e

Um cérebro pensasse. Ali inteiro
Está o que mostra, mostrando
O estranho nosso próximo.

A misteriosa transformação
Que supostamente se dá em seus teatros
Entre camarim e palco: um ator
Deixa o camarim, um rei
Pisa no palco, aquela mágica
Da qual com frequência vi a gente dos palcos rir
Copos de cerveja na mão, não ocorre aqui.
Nosso demonstrador da esquina
Não é um sonâmbulo, a quem não se pode tocar. Não é
Um Alto Sacerdote no ofício divino. A qualquer instante
Podem interrompê-lo; ele lhes responderá
Com toda a calma e prosseguirá
Quando lhes tiverem falado
Sua apresentação.

Mas não digam vocês: o homem
Não é um artista. Erguendo uma tal divisória
Entre vocês e o mundo, apenas se lançam
Fora do mundo. Negassem ser ele
Um artista, poderia ele negar
Que fossem homens, e isto
Seria uma censura maior. Digam antes:
Ele é um artista, porque é um homem. Podemos
Fazer mais perfeitamente o que ele faz, e ser
Por isso festejados, mas o que fazemos
É algo universal, humano, a cada hora praticado
No burburinho das ruas, para o homem tão bom
Quanto respirar e comer.

Assim o seu teatro
Leva de volta às questões práticas. Nossas máscaras, digam
Nada são de especial, enquanto forem somente máscaras:
Ali o vendedor de xales
Põe o chapéu redondo de sedutor
Segura uma bengala, até um bigode

1938-1941

Cola sob o nariz, e atrás do seu balcão
Dá uns passos alegres
Indicando a vantajosa mudança que
Através de xales, bigodes e chapéus
Logram os homens. E nossos versos, digam,
Vocês também possuem: os vendedores de jornais
Gritam as manchetes em cadências, e assim
Intensificam o efeito e tornam mais fácil
A repetição constante! Nós
Falamos textos alheios, mas os namorados
Os vendedores também aprendem textos alheios, e com que frequência
Todos vocês citam ditados! Assim
Máscara, verso e citação tornam-se comuns, mas incomuns
A máscara vista com grandeza, o verso falado bonito
E a citação apropriada.

Mas para que nos entendamos: mesmo se aperfeiçoassem
O que faz o homem da esquina, vocês fariam menos
Do que ele, se o seu teatro fizessem
Menos rico de sentido, de menor ressonância
Na vida do espectador, porque pobre de motivos e
Menos útil.

SOBRE A IMITAÇÃO

O que apenas imita, que nada tem a dizer
Sobre aquilo que imita, semelha
Um pobre chimpanzé que imita seu treinador fumando
E nisso não fuma. Pois nunca
A imitação irrefletida
Será uma verdadeira imitação.

O TEATRO, CASA DOS SONHOS

Muitos veem o teatro como casa
De produção de sonhos. Vocês atores são vistos
Como vendedores de drogas. Em seus locais escurecidos
As pessoas se transformam em reis e realizam
Atos heroicos sem perigo. Tomado de entusiasmo
Consigo mesmo ou de compaixão por si mesmo
Fica-se sentado, em feliz distração esquecendo
As dificuldades do dia a dia — um fugitivo.
Todo tipo de fábula preparam com mãos hábeis, de modo a
Mexer com nossas emoções. Para isso utilizam
Acontecimentos do mundo real. Sem dúvida, alguém
Que aí chegasse de repente, o barulho do tráfico ainda nos ouvidos
E ainda sóbrio, mal reconheceria sobre essas tábuas
O mundo que acabou de deixar. E também
Saindo por fim desses seus locais,
Novamente o homem pequeno, não mais o rei
Não mais reconheceria o mundo e se acharia
Deslocado na vida real. Muitos, é verdade
Veem essa atividade como inocente. Na mesquinhez
E uniformidade de nossas vidas, dizem, sonhos
São bem-vindos. Como suportar
Sem sonhos? Mas assim, atores, seu teatro torna-se
Uma casa onde se aprende a suportar
A vida mesquinha e uniforme, e a renunciar
Aos grandes atos e mesmo à compaixão
Por si mesmo. Mas vocês
Mostram um falso mundo, descuidadamente juntado
Tal como os sonhos o mostram, transformado por desejos
Ou desfigurado por medos, tristes
Enganadores.

O MOSTRAR TEM QUE SER MOSTRADO

Mostrem que mostram! Entre todas as diferentes atitudes
Que vocês mostram, ao mostrar como os homens se portam
Não devem esquecer a atitude de mostrar.
A atitude de mostrar deve ser a base de todas as atitudes.
Eis o exercício: antes de mostrarem como
Alguém comete traição, ou é tomado pelo ciúme
Ou conclui um negócio, lancem um olhar
À plateia, como se quisessem dizer:
Agora prestem atenção, agora ele trai, e o faz deste modo.
Assim ele fica quando o ciúme o toma, assim ele age
Quando faz negócio. Desta maneira
O seu mostrar conservará a atitude de mostrar
De pôr a nu o já disposto, de concluir
De sempre prosseguir. Então mostram
Que o que mostram, toda noite mostram, já mostraram muito
E a sua atuação ganha algo do fazer do tecelão, algo
Artesanal. E também algo próprio do mostrar:
Que vocês estão sempre preocupados em facilitar
O assistir, em assegurar a melhor visão
Do que se passa — tornem isso visível! Então
Todo esse trair e enciumar e negociar
Terá algo de uma função cotidiana como comer,
Cumprimentar, trabalhar. (Pois vocês não trabalham?) E
Por trás de seus papéis permanecem
Vocês mesmos visíveis, como aqueles
Que os encenam.

A ATRIZ NO EXÍLIO

Dedicado a Helene Weigel

Agora ela se maquia. No quarto branco
Senta-se curvada, sobre um banco precário.
Com gestos ligeiros
Aplica-se a maquiagem diante do espelho.
Cuidadosa afasta do rosto
Toda particularidade: a mais leve sensação
O transformaria. Por vezes
Deixa que os ombros magros, nobres
Caiam para a frente, como fazem
Os que trabalham duramente.
Já veste a camisa grosseira
Com remendos nas mangas. Os sapatos de fibra
Ainda estão sobre a cômoda.
Quando ela está pronta
Pergunta ansiosa se já chegou o tambor
Em que será feito o ruído do canhão
E se a grande rede
Já está no lugar.
Então se levanta, pequena figura
Grande lutadora
Para calçar os sapatos e representar
A luta da mulher de pescador andaluza
Contra os generais.

A ATUAÇÃO DE H. W.

Se bem que ela mostrasse
Tudo necessário para se compreender
Uma mulher de pescador, não se transformou inteiramente
Nesta mulher de pescador, mas sim
Como se a ocupasse também a reflexão
Como se perguntasse continuamente: como foi mesmo?
Ainda que nem sempre se pudesse
Descobrir os seus pensamentos
Sobre a mulher do pescador, ela mostrava
Que os tinha, e convidava
A pensá-los.

MAQUIAGEM

Meu rosto está maquiado, limpo de
Toda singularidade, tornado vazio, para refletir
Os pensamentos, agora mutáveis
Como voz e gesto.*

* Em várias peças, Helene Weigel mudava a maquiagem antes de cada cena, de modo que, começando uma cena sem mudar a maquiagem, produzia-se uma impressão especial. (N. de Brecht)

CORPO SOLTO

Meu corpo está solto, meus membros estão
Leves e livres, todas as posturas prescritas
Lhes serão agradáveis.

ESPÍRITO AUSENTE

Meu espírito está ausente, o que tenho de fazer
Faço de cor, minha compreensão
Tudo acompanha, dispondo.*

---

* É proveitoso ler nos intervalos. A concentração deve ser natural, a participação mais ou menos forte, conforme o objeto. Se o espectador não deve ser sujeito a pressão, também o ator não deve se impor qualquer pressão. (N. de Brecht)

SOBRE A FALA DAS FRASES

E eu arranjei as frases de modo que
Seus efeitos se fizessem visíveis, de modo portanto
Que o fato de tê-las falado podia
Fazer aquele que falava feliz, ou infeliz
E a nós podia nos fazer infelizes, ou felizes
O fato de terem-nas assim falado.
(Isto dificultava assistir às peças: a primeira
Impressão surgia somente na segunda vez.)

CANÇÃO DO ESCRITOR DE PEÇAS

Eu sou o escritor de peças. Eu mostro
Aquilo que vi. Nos mercados dos homens
Eu vi como o homem é tratado. Isto
Eu mostro, eu, o escritor de peças.

Como entram uns nas casas dos outros, com planos
Ou com cassetetes ou com dinheiro
Como ficam nas ruas e esperam
Como preparam armadilhas uns para os outros
Cheios de esperança
Como marcam encontros
Como enforcam uns aos outros
Como se amam
Como defendem seus despojos
Como comem
Isto eu mostro.

As palavras que gritam uns aos outros, eu as registro.
O que a mãe diz ao filho
O que o empresário ordena ao empregado
O que a mulher responde ao marido
Todas as palavras corteses, as dominadoras
As suplicantes, as equívocas
As mentirosas, as inscientes
As belas, as ferinas
Todas eu registro.

Vejo tempestades de neve que se anunciam
Vejo terremotos que se aproximam
Vejo montanhas no meio do caminho
E vejo rios transbordando.
Mas as tempestades têm dinheiro na carteira
As montanhas desceram de automóveis
E os rios revoltos controlam policiais.
Isto eu revelo.

Para poder mostrar o que vejo
Leio as representações de outros povos e outras épocas.
Algumas peças adaptei, examinando
Com precisão e respectiva técnica, absorvendo
O que me convinha.
Estudei as representações das grandes figuras feudais
Pelos ingleses, ricos indivíduos
Aos quais o mundo servia para desenvolver a grandeza.
Estudei os espanhóis moralizadores
Os indianos, mestres das sensações belas
E os chineses, que retratam as famílias
E os destinos multicores encontrados nas cidades.

E tão rapidamente mudou em meu tempo
A aparência das casas e das cidades, que partir por dois anos
E retornar foi como uma viagem a outra cidade
E as pessoas em grande número mudaram a aparência
Em poucos anos. Eu vi
Trabalhadores adentrarem os portões da fábrica, e os portões eram
                altos
Mas ao saírem tinham de se curvar.
Então disse a mim mesmo:
Tudo se transforma e é próprio apenas de seu tempo.

Portanto dei a cada cenário seu emblema
E em cada fábrica e cada edifício gravei em fogo o seu ano
Como os pastores gravam números no gado, para que seja
          reconhecido.
E também às frases que lá eram faladas
Dei-lhes seu emblema, para que se tornassem como as sentenças
Dos homens efêmeros, que são registradas
Para não serem esquecidas.

O que a mulher em avental de trabalho disse
Nesses anos, debruçada sobre os panfletos
E como os homens da bolsa falaram com seus empregados
Ontem, chapéus atrás da cabeça
A isto marquei com o sinal de impermanência
De seu ano.

Tudo entreguei ao assombro
Mesmo o mais familiar.
Que uma mãe deu peito ao filho
Isto relatei como algo em que ninguém acreditará.
Que o porteiro bateu a porta ao homem morrendo de frio
Como algo que ninguém jamais viu.

MEU ESPECTADOR

Recentemente encontrei meu espectador.
Na rua poeirenta
Ele segurava nas mãos uma máquina britadeira.
Por um segundo
Levantou o olhar. Então abri rapidamente meu teatro
Entre as casas. Ele
Olhou expectante.
Na cantina
Encontrei-o de novo. De pé no balcão.
Coberto de suor, bebia. Na mão
Uma fatia de pão. Abri rapidamente meu teatro. Ele
Olhou maravilhado.
Hoje
Tive novamente a sorte. Diante da estação
Eu o vi, empurrado por coronhas de fuzis
Sob o som de tambores, para a guerra.
No meio da multidão
Abri meu teatro. Sobre os ombros
Ele olhou:
Acenou com a cabeça.

1938-1941

ACABOU A PEÇA

Acabou a peça. Cometeu-se o espetáculo. Lentamente
Esvazia-se o teatro, um intestino relaxado. Nos camarins
Os ágeis vendedores de mímica improvisada e retórica rançosa
Lavam suor e maquiagem. Finalmente
Apagam-se as luzes que puseram à vista o triste trabalho, e
Deixam na penumbra o belo vazio do palco maltratado.
Na plateia sem espectadores, ainda com leves aromas
Senta-se o pobre autor de peças, e insaciado procura
Lembrar-se.

PROCURA DO VELHO E DO NOVO

Quando lerem seus papéis
Pesquisando, dispostos ao assombro
Procurem o Velho e o Novo, pois nosso tempo
E o tempo de nossos filhos
É o tempo das lutas do Novo com o Velho.
A astúcia da velha trabalhadora
Que toma ao professor seu saber
Como um fardo pesado demais, é nova
E deve ser mostrada como Novo. E velho
É o medo dos trabalhadores, durante a guerra
De aceitar os panfletos que têm o saber; deve
Ser mostrado como Velho. Mas
Como diz o povo: na mudança de lua
A lua nova segura a lua velha
Uma noite inteira nos braços. A hesitação dos receosos
Anuncia o novo tempo. Sempre
Determinem o Já e o Ainda!
As lutas das classes
As lutas entre Velho e Novo
Ocorrem também dentro de cada um
A disposição de ensinar do professor:
O irmão não vê, um estranho vê.
Examinem todas as ações e emoções de seus personagens
Na busca de Velho e Novo!
As esperanças da mercadora Coragem
São fatais para seus filhos; mas o desespero
Dos mudos com a guerra
Pertence ao Novo. Seus movimentos desamparados
Ao arrastar o tambor salvador para o telhado
A grande ajuda, devem enchê-los

1938-1941

De orgulho; a energia
Da mercadora que não aprende, de compaixão.
Lendo seus papéis
Pesquisando, dispostos ao assombro
Alegrem-se com o Novo, envergonhem-se do Velho!

OS REQUISITOS DA WEIGEL

Como o plantador de milho seleciona as sementes mais pesadas
Para seu campo experimental, e o poeta as palavras
Adequadas para o poema, assim escolhe ela os objetos
Que acompanham seus personagens pelo palco.
A colher de latão que a Mãe Coragem enfia
Na lapela do casaco mongol, o cartão do Partido
Da amável Wlassowa e a rede de pesca
Da outra, a mãe espanhola, ou o vaso de bronze
Da Antígona que junta o pó. Inconfundível
A bolsa já puída que a trabalhadora usa
Para os panfletos do filho, e a carteira
Da impetuosa merceeira. Cada item
Das suas coisas é escolhido, correias e cintos
Caixas de latão e saco de balas, escolhidos
O capão e a vara que no fim
A velha prende na corda
A tábua onde a mulher basca cozinha o pão
E a "tábua da vergonha" da grega, levada às costas
Com os buracos onde ficam as mãos, o pote de banha
Da russa, tão pequeno na mão do policial, tudo
Escolhido conforme a idade, função e beleza
Com os olhos que sabem e as mãos
Que cozem o pão, tecem a rede, fazem a sopa
Mãos da conhecedora
Da realidade.

1938-1941

SOBRE A SERIEDADE NA ARTE

A seriedade do homem que dá forma às joias de prata
É igualmente bem-vinda à arte do teatro, e bem-vinda
É a seriedade das pessoas que trancadas
Discutem o texto de um panfleto. Mas a seriedade
Do médico inclinado sobre o doente já não é adequada
À arte teatral, e inteiramente imprópria é
A seriedade do padre, seja suave ou inquieta.

FACILIDADE

Vejam só a facilidade
Com que o rio poderoso
Rompe as barragens!
O terremoto
Com mão indolente
Sacode o chão.
O fogo terrível
Toma com graça
A cidade de mil casas
E a devora com gosto:
Um comilão treinado.

Ó PRAZER DE COMEÇAR

Ó prazer de começar! Ó alvorada!
A primeira grama, quando parece esquecido
O que é o verde! Ó primeira página do livro
Tão esperado, surpreendente! Leia
Devagar, muito rápido
A parte não lida ficará pequena! E o primeiro jato d'água
No rosto suado! A camisa
Fresca! Ó começo do amor! Olhar que desvia!
Ó começo do trabalho! Colocar óleo
Na máquina fria! Primeiro movimento e
Primeiro ruído do motor que pega!
A primeira fumaça, enchendo os pulmões!
E você, pensamento novo!

SOBRE A ATITUDE CRÍTICA

A atitude crítica
É para muitos não muito frutífera
Isto porque com sua crítica
Nada conseguem do Estado.
Mas o que neste caso é atitude infrutífera
É apenas uma atitude fraca. Pela crítica armada
Estados podem ser esmagados.

A canalização de um rio
O enxerto de uma árvore
A educação de uma pessoa
A transformação de um Estado
Estes são exemplos de crítica frutífera.
E são também
Exemplos de arte.

1938-1941

O CAVALO DE RUUSKANEN

Ao chegar o terceiro inverno da crise do mundo
Os camponeses de Nivala derrubaram árvores como de costume
E como de costume os cavalos pequenos arrastaram os troncos de
          madeira
Até os rios, mas este ano
Receberam apenas cinco marcos finlandeses por um tronco, o preço
          portanto
De um pedaço de sabão. E ao chegar a quarta primavera da crise
Foram leiloadas as propriedades dos que não haviam pago os impostos
          no outono.
E os que haviam pago não puderam comprar rações para seus cavalos
Indispensáveis no trabalho da floresta e do campo
De modo que as costelas dos cavalos apontavam no
Pelo sem lustre, e então o magistrado de Nivala
Foi ao camponês Ruuskanen, em seu campo, e falou
Com autoridade: "Você não sabe que existe uma lei que
Proíbe a judiação de animais? Olhe seu cavalo. As costelas
Estão à mostra. Este cavalo está doente
E deve ser morto". E foi embora. Mas três dias depois
Ao voltar, ele viu Ruuskanen novamente
Com seu cavalo esquálido no campo minúsculo, como se
Nada tivesse acontecido e não houvesse lei nem magistrado.
Aborrecido
Enviou dois guardas com ordens estritas
De tomar o cavalo a Ruuskanen e levar
O animal maltratado imediatamente ao matadouro.
Mas os guardas, puxando o cavalo de Ruuskanen
Através da aldeia, viam, olhando em torno
Cada vez mais camponeses saindo das casas
Seguindo-os atrás do cavalo, e no fim do povoado
Pararam, inseguros, e o camponês Niskanen
Um homem devoto, amigo de Ruuskanen, sugeriu

Que a vila arranjasse alguma ração para o cavalo, de modo que
A matança não fosse necessária. Então, em vez do cavalo
Os guardas levaram consigo de volta, ao magistrado amante dos bichos
O camponês Niskanen com sua feliz mensagem
Em favor do cavalo de Ruuskanen. "Ouça, senhor magistrado", disse
    ele
"Este cavalo não está doente, apenas sem ração, e Ruuskanen
Morrerá de fome sem seu cavalo. Mate o cavalo
E logo terá que matar o próprio homem, senhor magistrado."
"Olhe como fala comigo", disse o magistrado. "O
Cavalo está doente e lei é lei, por isso será morto."
Preocupados
Voltaram os dois guardas com Niskanen
Retiraram do estábulo de Ruuskanen o cavalo de Ruuskanen
Prepararam-se para levá-lo ao matadouro, mas
Ao chegarem novamente à saída do lugar, lá estavam
Cinquenta camponeses como se fossem grandes pedras, e
Olhavam em silêncio para os dois guardas. Em silêncio
Deixaram estes o cavalo velho na saída do lugar.
E sempre em silêncio
Os camponeses de Nivala conduziram o cavalo de Ruuskanen
De volta ao estábulo.
"Isto é rebelião", disse o magistrado. Um dia depois
Uma dúzia de guardas com rifles chegou com o trem de Oulu
A Nivala, a vila tão agradavelmente situada
Rodeada de prados, apenas para demonstrar
Que lei é lei. Naquela tarde
Os camponeses retiraram das paredes nuas
Seus fuzis, pendurados junto aos quadros
Pintados com frases bíblicas. Os velhos fuzis
Da guerra civil de 1918, que lhes haviam distribuído
Para usar contra os vermelhos. Agora
Apontavam-nos contra os doze guardas
De Oulu. Naquela mesma noite
Trezentos camponeses, vindos de muitas
Aldeias vizinhas, sitiaram a casa do magistrado
Na colina perto da igreja. Hesitante
O magistrado apareceu na escada, acenou com a mão branca e
Falou do cavalo de Ruuskanen com palavras bonitas

Prometendo deixá-lo viver, mas os camponeses
Já não falavam do cavalo de Ruuskanen, mas sim exigiam
Que os leilões cessassem e que os impostos
Fossem perdoados. Amedrontado até a morte
O magistrado correu ao telefone, pois os camponeses
Haviam esquecido não apenas que havia uma lei, mas também
Que havia um telefone na casa do magistrado, e agora ele telefonava
Seu grito de socorro a Helsinque, e na mesma noite
Chegaram de Helsinque, a capital, em sete veículos
Duzentos soldados com metralhadoras, na frente
Um tanque. E com esta máquina de guerra
Foram derrotados os camponeses, açoitados na Casa do Povo
Seus líderes arrastados ao Tribunal de Nivala e condenados
A um ano e meio de prisão, para que a ordem
Fosse restaurada em Nivala.
Mas sobretudo, em seguida somente
O cavalo de Ruuskanen foi anistiado
Por intervenção pessoal do Ministro do Estado
Em resposta às muitas cartas recebidas.

O LOBO VISITOU A GALINHA

O lobo foi à galinha
E disse: precisamos nos conhecer bem
Conhecer bem, apreciar bem.
A galinha apreciou
A galinha foi com o lobo:
Por isso há tantas penas no campo.
Ho, ho.

A luz foi ao óleo
E disse: precisamos nos conhecer bem
Conhecer bem, apreciar bem.
O óleo apreciou
O óleo foi com a luz:
Por isso o céu está tão vermelho.

O senhor foi à donzela
E disse: precisamos nos conhecer bem
Conhecer bem, apreciar bem.
A donzela apreciou
A donzela foi com o senhor:
Por isso o corpete está tão apertado.
Ho, ho.

EM TODA PARTE MUITO PARA VER

O que viu, viajante?

Eu vi uma paisagem aprazível, onde havia um monte de cinza contra um céu claro, e a relva oscilava no vento. No monte se encostava uma casa, como uma mulher se encosta em um homem.

O que viu, viajante?

Eu vi uma elevação, boa para abrigar canhões.

O que viu, viajante?

Eu vi uma casa, tão arruinada que apenas o monte a mantinha de pé; mas assim ficava o dia inteiro na sombra. Passei por ela em horas diferentes, e jamais saía fumaça da chaminé, que indicasse comida sendo cozinhada. E eu vi pessoas que lá viviam.

O que viu, viajante?

Eu vi um campo ressecado de chão pedregoso. Cada talo de relva era solitário. Pedras havia na grama. Demasiada sombra de um monte.

O que viu, viajante?

Eu vi uma rocha que erguia os ombros da grama do chão como um gigante que não se deixa vencer. E a grama firme e reta, com orgulho, no chão ressecado. E um céu indiferente.

O que viu, viajante?

Eu vi uma dobra no chão. Aqui, há milênios, devem ter ocorrido grandes movimentos da superfície da terra. O granito estava à mostra.

O que viu, viajante?

Nenhum banco para sentar. Estava cansado.

POEMAS DA COLEÇÃO DE MARGARETE STEFFIN

> Isso é tudo e não é muito, bem sei.
> É só para lhes dizer que ainda vivo.
> Como alguém que um tijolo levasse consigo
> Para mostrar como foi sua casa uma vez.

PRIMAVERA DE 1938

1

Hoje, domingo de Páscoa
Uma tempestade de neve atingiu a ilha.
Entre as sebes verdejantes havia neve. Meu filho pequeno
Levou-me a um pé de damasco junto ao muro
Afastando-me de um poema em que apontava com o dedo aqueles
Que preparam uma guerra que
Aniquilaria este continente, esta ilha, meu povo, minha família
E eu. Em silêncio
Colocamos um saco
Sobre a árvore com frio.

2

Sobre a baía pendem nuvens de chuva, mas o sol
Ainda doura o jardim. As pereiras
Têm folhas verdes e ainda nenhum broto, e as cerejeiras
Brotos e ainda nenhuma folha. As umbelas brancas
Parecem rebentar de galhos secos.
Pelas águas encrespadas da baía
Corre um pequeno barco de vela remendada.
Ao gorjeio dos estorninhos
Mistura-se o trovão distante
Dos canhões dos navios
Do Terceiro Reich.

3

Nos salgueiros à margem da baía
A coruja chama com frequência, nessas noites de primavera.
Conforme a superstição dos camponeses
A coruja informa aos homens
Que não viverão muito. A mim
Que tenho consciência de haver dito a verdade
Sobre os dominadores, nenhum pássaro da morte
Precisa informar sobre isto.

O LADRÃO DE CEREJAS

Bem cedo numa manhã, antes do grito do galo
Fui acordado por um assovio e andei até a janela.
Em minha cerejeira — a alvorada tomava o jardim —
Estava sentado um jovem de calça remendada
Que colhia alegremente minhas cerejas. Ao me ver
Acenou com a cabeça. Com ambas as mãos
Tirava as cerejas dos ramos e punha nos bolsos.
Ainda por um bom tempo, novamente deitado
Ouvi-o assoviar sua alegre cançãozinha.

1940

1

A primavera está chegando. Os ventos suaves
Livram os recifes do gelo do inverno.
Os povos do Norte esperam apavorados
As frotas de guerra do pintor.

2

Das bibliotecas
Saem os algozes.

Pressionando contra si os filhos
As mães param e observam o céu desconsoladas
Atentas para as invenções dos homens de ciência.

3

Os engenheiros estão sentados
Curvados, nas salas de planejamento
Uma cifra errada, e as cidades do inimigo
Permanecerão inteiras.

4

Neblina envolve
A estrada
Os álamos
Os sítios e
A artilharia

1938-1941 269

5

Encontro-me na pequena ilha de Lidingö.
Mas há pouco tempo
Tive um pesadelo, sonhei que estava em uma cidade
E descobria que os nomes das ruas
Eram em alemão. Molhado de suor
Acordei, vi o pinheiro negro diante da janela
E com alívio percebi:
Eu estava num país estrangeiro.

6

Meu filho pequeno me pergunta: devo aprender matemática?
Para quê, penso em dizer. Que dois pedaços de pão são mais do que um
Você logo notará.
Meu filho pequeno me pergunta: devo aprender francês?
Para quê, penso em dizer. Esse império está no fim. E
Basta você esfregar a mão na barriga e gemer:
Logo lhe compreenderão.
Meu filho pequeno me pergunta: devo aprender história?
Para quê, penso em dizer. Aprenda a enfiar sua cabeça na terra
Talvez então você escape.
Sim, aprenda matemática, digo
Aprenda francês, aprenda história!

7

Junto à parede pintada de branco
Está a maleta preta com os manuscritos.
Sobre ela, os utensílios de fumar e os cinzeiros de cobre.
A tela de linha chinesa, mostrando o Cético
Está acima dela. Também as máscaras estão aí. E ao lado da cama
Está o pequeno rádio de seis válvulas.
De manhã cedo
Viro o botão e ouço
Os anúncios de vitória dos meus inimigos.

8

Fugindo de meus conterrâneos
Cheguei agora à Finlândia.
Amigos que ontem não conhecia
Dispuseram camas em quartos limpos. No rádio
Ouço os anúncios de vitória da escória. Curioso
Observo o mapa do continente. Lá em cima, na Lapônia
Na direção do Mar Ártico
Vejo ainda uma pequena porta.

AO PEQUENO APARELHO DE RÁDIO

Você, pequena caixa que trouxe comigo
Cuidando que suas válvulas não quebrassem
Ao correr do barco ao trem, do trem ao abrigo
Para ouvir o que meus inimigos falassem

Junto a meu leito, para minha dor atroz
No fim da noite, de manhã bem cedo
Lembrando as suas vitórias e o meu medo:
Prometa jamais perder a voz!

1941-1947

O TUFÃO

Fugindo do pintor, rumo aos Estados Unidos
Notamos de repente que nosso pequeno navio não se movia.
Toda uma noite e um dia inteiro
Permaneceu na altura de Luzon, no Mar da China.
Alguns diziam ser devido a um tufão que rugia no norte
Outros temiam barcos piratas alemães.
Todos
Preferiam o tufão aos alemães.

APÓS A MORTE DE MINHA COLABORADORA M. S.

1

No nono ano da fuga de Hitler
Exausta das viagens
Do frio e da fome na Finlândia invernal
E da espera por um passaporte para outro continente
Morreu nossa camarada Steffin
Na vermelha cidade de Moscou.

2

Meu general caiu
Meu soldado caiu

Meu aluno partiu
Meu mestre partiu

Meu protetor se foi
Meu protegido se foi.

3

A situação estando pior, a morte não muito inflexível
Mostrou-me indiferente os cinco lóbulos destruídos do pulmão
E incapaz de lhe imaginar a vida somente com o sexto
Juntei rapidamente 500 afazeres
Coisas a serem resolvidas imediatamente e amanhã, no ano que vem
E em sete anos a partir de agora
Fiz incontáveis perguntas, decisivas
Somente por ela respondíveis
E assim solicitada
Mais fácil lhe foi morrer.

4

Pensando em minha pequenina mestra
Nos seus olhos, no irado fogo azul
E na sua velha túnica com o grande capuz
E a larga bainha, batizei
Órion, no céu, de constelação Steffin.
Ao levantar a vista e observá-la, balançando a cabeça
Ouço por vezes uma leve tosse.

5

Os Destroços

Aí está a caixa de madeira com as notas para a construção das peças
Aí estão as facas bávaras, e a escrivaninha
Aí está o quadro negro, aí estão as máscaras
Aí está o pequeno emissor e a maleta de soldado
Aí está a resposta, mas ninguém que pergunta
Bem alta sobre o jardim
A constelação Steffin.

1941-1947

6

Após a morte de minha colaboradora M. S.

Desde que você morreu, pequena professora
Ando a esmo, sem descanso e sem visão
Pasmo, num mundo cinza
Sem ocupação, como alguém dispensado.

Proibida
É minha entrada na oficina, como
A todos os estrangeiros.

As ruas e os passeios
Agora vejo em horas diferentes, e assim
Mal os reconheço.

Para casa
Não posso ir: envergonho-me
De estar dispensado e
Em desgraça.

SOBRE O SUICÍDIO DO REFUGIADO W. B.

Soube que você levantou a mão contra si mesmo
Antecipando assim o algoz.
Oito anos banido, vendo a ascensão do inimigo
Por fim acuado numa fronteira intransponível
Você transpôs a que pareceu transponível.

Reinos desmoronam. Chefes de bandos
Andam como estadistas. Já não enxergamos
Os povos sob os armamentos.

O futuro está em trevas, e as forças boas
São fracas. Tudo isso você viu
Ao destruir o corpo sofrido.

CRUZADA DE CRIANÇAS

Na Polônia, no ano de trinta e nove
Houve uma luta cruel
Que transformou cidades em cinzas
Em cor de chumbo o azul do céu.

A mulher perdeu o marido
A irmã despediu-se do irmão
Os pais deram falta dos filhos
Em meio ao fogo e à destruição.

Da Polônia nada mais veio
Nem carta nem relatório.
Mas nos países vizinhos
Corre uma estranha estória.

A neve caía quando contaram
Numa cidade do leste europeu
Sobre uma cruzada de crianças
Que na Polônia aconteceu.

Por lá vagavam meninos
Famintos pelas calçadas
E a eles juntavam-se outros
Vindos de aldeias arrasadas.

Queriam escapar à chacina
A todo aquele pesadelo
E alcançar um dia um lugar
Onde a vida não fosse um flagelo.

E logo um pequeno líder
Entre eles aparecia.
Para ele o grande problema
Era o caminho, que não sabia.

Uma garota levava um bebê
De dois ou três anos, não mais
Tinha o carinho de uma mãe
Faltava uma terra onde houvesse paz.

Um pequeno judeu num bonito
Casaco com gola de veludo
Habituado a comer pão do mais branco
Marchava junto, aguentando tudo.

E um magro, de cabelos louros
Ficava pra trás, não dava na vista
Carregava uma culpa bem grande:
Vinha de uma embaixada nazista.

Havia também um cachorro
Levado para servir de jantar
Que passou a ser mais uma boca:
Não tinham coragem de matar.

E uma escola chegaram a criar
A professora sendo a mais crescida
No flanco de um tanque arruinado
Um aluno escreveu a palavra *vida*.

Houve também um romance
Ela com doze, ele quinze.
Num sítio abandonado.
Eles se amam, não fingem.

Mas o amor não podia ser.
Inverno não é tempo de amora.
Como podem os brotos florescer
Com a neve caindo lá fora?

1941-1947

Houve também um enterro
De um garoto bem-trajado.
Por alemães e poloneses
Seu caixão foi carregado.

Protestantes, nazistas, católicos
Juntos o entregaram à terra
E um pequeno comunista falou
Rezando pelo fim da guerra.

Eles tinham fé e esperança
Só não tinham o que pôr na barriga
E ninguém censure, se roubaram
De quem não lhes dava abrigo.

E ninguém censure o pobre homem
Que não os convidou para a mesa.
Para alimentar cinquenta é preciso
Mais que coração, riqueza.

Eles buscavam rumar para o sul
Onde o sol brilha duradouro
E fica no meio do céu
Como uma bola de ouro.

Acharam um dia um soldado
Ferido no bosque, sozinho.
Dele cuidaram uma semana
Dele aprenderam o caminho.

Vão para Bilgoray, disse ele.
A febre o fazia delirar
Deixou-os no oitavo dia
Também ele foi preciso enterrar.

E viram placas nas estradas
Embora de neve cobertas
Mas estavam todas trocadas
As direções não eram certas.

Não era por simples brincadeira
Que os homens do exército as trocavam.
Mas os meninos nada sabiam
E Bilgoray não encontravam.

Pararam em volta do líder
Que sondava o horizonte
E apontando com o dedo falou:
Deve ser além do monte.

Uma noite viram fogos
Luzindo ao pé de um rochedo
E viram tanques passando:
Afastaram-se com medo.

Ao deparar com uma cidade
Fizeram uma grande curva.
Até que ficasse para trás
Andaram somente na noite turva.

Onde fôra o sul da Polônia
Sob uma tempestade forte
Foram vistos pela última vez
Abandonados à própria sorte.

Se fecho os olhos um instante
Já os tenho na imagem
De uma devastação a outra
Errando pela paisagem.

Acima deles, nas nuvens
Vejo outros cortejos, monstruosos!
Arrastando-se no vento frio
Pequenos seres desterrados, andrajosos.

Buscando um país de paz
Sem trovão, sem chuva de fogo
Diferente do que ficara pra trás
Nele esperam chegar dentro em pouco.

1941-1947

Essas hostes não param de crescer
E me parecem mudar, na luz do poente:
Outros rostos creio reconhecer
Franceses, espanhóis, orientais: gente.

Na Polônia, naquele ano
Um cão foi encontrado
Que no pescoço magro trazia
Um pedaço de couro amarrado.

Nele se lia: Socorro, por favor!
Estamos perdidos, sem esperanças.
O cachorro mostrará o caminho
Somos cinquenta e cinco crianças.

Se não puderem vir
Não lhe façam mal
Não o matem, pois
Só ele sabe o local.

Camponeses leram a mensagem.
O escrito não tinha nome.
Desde então dois anos passaram
O cachorro morreu de fome.

REFLETINDO SOBRE O INFERNO

Refletindo, ouço dizer, sobre o inferno
Meu irmão Shelley achou ser ele um lugar
Mais ou menos semelhante a Londres. Eu
Que não vivo em Londres, mas em Los Angeles
Acho, refletindo sobre o inferno, que ele deve
Assemelhar-se mais ainda a Los Angeles.

Também no inferno
Existem, não tenho dúvidas, esses jardins luxuriantes
Com as flores grandes como árvores, que naturalmente fenecem
Sem demora, se não são molhadas com água muito cara. E mercados
               de frutas
Com verdadeiros montes de frutos, no entanto
Sem cheiro nem sabor. E intermináveis filas de carros
Mais leves que suas próprias sombras, mais rápidos
Que pensamentos tolos, automóveis reluzentes, nos quais
Gente rosada, vindo de lugar nenhum, vai a nenhum lugar.
E casas construídas para pessoas felizes, portanto vazias
Mesmo quando habitadas.
Também as casas do inferno não são todas feias.
Mas a preocupação de serem lançados na rua
Consome os moradores das mansões não menos que
Os moradores dos barracos.

1941-1947

A PAISAGEM DO EXÍLIO

Mas também eu, no último barco
Vi ainda a alegria da aurora no cordame
E os corpos cinza claro dos golfinhos, emergindo
Do Mar do Japão
E os pequenos carros a cavalo com decoração em ouro
E os véus cor-de-rosa sobre os braços das matronas
Nas ruelas da condenada Manila
Viu também o fugitivo com prazer.
As torres de petróleo e os jardins sedentos de Los Angeles
E os desfiladeiros da Califórnia ao anoitecer, e os mercados de frutas
Também não deixaram indiferente
O mensageiro do infortúnio.

AMIGOS EM TODA PARTE

Os trabalhadores finlandeses
Deram-lhe cama e uma escrivaninha
Os escritores da União Soviética levaram-no ao navio
E um tintureiro judeu de Los Angeles
Enviou-lhe um terno: o inimigo dos algozes
Encontrou amigos.

LEITURA DE JORNAL AO FAZER O CHÁ

De manhã cedo leio no jornal sobre planos decisivos
Do papa e dos reis, dos banqueiros e dos barões do petróleo.
Com o outro olho vigio
A chaleira com a água para o chá
Como ela se turva e começa a ferver e novamente clareia
E, transbordando a chaleira, apaga o fogo.

VERÃO DE 1942

Dia após dia
Vejo as figueiras no jardim
Os rostos rosados dos mercadores que compram mentiras
As figuras de xadrez na mesa do canto
E os jornais com as notícias
Das chacinas na União Soviética.

HOLLYWOOD

A cada manhã, para ganhar meu pão
Vou ao mercado onde mentiras são compradas.
Esperançoso
Tomo lugar entre os vendedores.

A MÁSCARA DO MAL

Em minha parede há uma escultura de madeira japonesa
Máscara de um demônio mau, coberta de esmalte dourado.
Compreensivo observo
As veias dilatadas da fronte, indicando
Como é cansativo ser mau.

CANTAR DE MÃE ALEMÃ

Meu filho, esse par de botas
E essa camisa marrom eu te dei
Mas teria antes me matado
Se soubesse o que hoje sei.

Meu filho, ao te ver erguer
A mão pra Hitler em saudação
Não sabia que o teu destino
Seria a própria danação.

Meu filho, ao te ouvir falar
De uma grande raça de heróis
Não sabia, não via nem pressentia
Que eras mais um algoz.

Meu filho, ao te ver marchar
Atrás de Hitler em coorte
Não sabia que quem com ele partia
Nada acharia senão a morte.

Meu filho, tu dizias: a Alemanha
Em breve será motivo de assombro.
Eu não sabia que ela se tornaria
Um monte de cinzas e escombros.

Vi a camisa marrom te vestir
Não me opor foi minha falha
Pois não sabia o que hoje sei:
Que ela era a tua mortalha.

GERAÇÕES MARCADAS

Bem antes de sobre nós aparecerem os bombardeiros
Eram já inabitáveis
Nossas cidades. Canalização nenhuma
Nos livrava da imundície.

Bem antes de cairmos em batalhas sem sentido
Ainda andando por cidades ainda intactas
Nossas mulheres
Eram já viúvas
E nossos filhos órfãos.

Bem antes de nos lançarem em covas aqueles também marcados
Éramos sem alegria. Aquilo que a cal
Nos corroeu
Já não eram rostos.

AS NOVAS ERAS

As novas eras não começam de uma vez
Meu avô já vivia no novo tempo
Meu neto viverá talvez ainda no velho.

A nova carne é comida com os velhos garfos.

Os carros automotores não havia
Nem os tanques
Os aeroplanos sobre nossos tetos não havia
Nem os bombardeiros.

Das novas antenas vêm as velhas tolices.
A sabedoria é transmitida de boca em boca.

REGRESSO

A cidade natal, como a encontrarei ainda?
Seguindo os enxames de bombardeiros
Volto para casa.
Mas onde está ela? Lá onde sobem
Imensos montes de fumaça.
Aquilo no meio do fogo
É ela.

A cidade natal, como me receberá?
À minha frente vão os bombardeiros. Enxames mortais
Vos anunciam meu regresso. Incêndios
Precedem o filho.

O APARELHO DE PESCA

Em meu quarto, na parede caiada
Há uma curta vara de bambu, ligada
A um gancho de ferro, para
Retirar redes da água. A vara
Apareceu numa loja de coisas velhas, "downtown". Ganhei-a
De meu filho no aniversário. Está gasta.
Na água salgada a ferrugem do gancho corroeu o cordão.
Esses indícios de uso e de trabalho
Emprestam-lhe grande dignidade. Gosto
De pensar que esse aparelho de pesca
Foi-me deixado por aqueles pescadores japoneses
Que foram banidos da Costa Oeste, confinados em campos
Como estrangeiros suspeitos; que me chegou às mãos
Para lembrar-me tantas
Questões humanas não solucionadas
Não insolúveis, porém.

O JUIZ DEMOCRÁTICO

Em Los Angeles, diante do juiz que submete a exame
Os que buscam tornar-se cidadãos dos Estados Unidos
Apresentou-se um taverneiro italiano. Após séria preparação
Prejudicado no entanto por seu desconhecimento da nova língua
Respondeu no exame à pergunta:
O que significa a Emenda nº 8? com hesitação:
1492. Visto que a lei exige que os candidatos conheçam a língua
Ele não foi aceito. Retornando
Após mais três meses gastos em estudos
Mas ainda prejudicado pelo desconhecimento da língua
Foi-lhe colocada a seguinte pergunta: Quem foi
O general vencedor da Guerra Civil? Sua resposta foi:
1492. (Dita em voz alta e com ar alegre.) Novamente mandado embora
E retornando uma terceira vez, respondeu ele
A uma terceira pergunta: De quantos anos é o mandato do Presidente?
Novamente com: 1492. Então
O juiz, que simpatizava com o homem, percebeu que ele
Não poderia aprender a nova língua, informou-se
Como ele ganhava a vida, e soube: trabalhando duro. Assim
Na quarta audiência colocou-lhe o juiz a seguinte pergunta: Quando foi
O descobrimento da América? E baseado em sua resposta correta
1492, concedeu-lhe a cidadania.

1941-1947

REGAR O JARDIM

Regar o jardim, para animar o verde!
Dar água às plantas sedentas! Dê mais que o bastante.
E não esqueça os arbustos, também
Os sem frutos, os exaustos
E avaros! E não negligencie
As ervas entre as flores, que também
Têm sede. Nem molhe apenas
A relva fresca ou somente a ressecada:
Refresque também o solo nu.

ROMPER DO DIA

Não em vão
O romper de cada novo dia
É introduzido pelo cantar do galo
Anunciando desde sempre
Uma traição.

NA MANHÃ DO NOVO DIA

Na manhã do novo dia, ainda na aurora
Os abutres se levantarão em negras nuvens
Em costas distantes
Em voo silente
Em nome da ordem.

SOBRE COISAS LIDAS

(Horácio, *Epístolas*, II, 1)

1

Cuidado, vocês
Que cantam o Hitler! Eu
Que vi os desfiles de Maio e Outubro
Na Praça Vermelha, e as inscrições
Nas faixas, e na costa do Pacífico
Na *highway* Roosevelt, os trovejantes
Comboios de petróleo, e as carretas com
Tantos carros amontoados, sei
Que ele logo morrerá, e ao morrer
Terá sobrevivido à sua fama, mas
Tivesse mesmo tornado a terra
Inabitável, ao conquistá-la
Canção alguma que o celebrasse
Permaneceria. É verdade que
O grito de dor, também dos continentes
Morre depressa demais para sufocar
O elogio do carrasco. É verdade que
Também os que cantam a iniquidade
Têm vozes melodiosas. No entanto
O canto do cisne que morre é o mais belo: ele
Canta sem medo.

No pequeno jardim de Santa Mônica
Leio sob a pimenteira
Leio em Horácio sobre um certo Vário
Que celebrava Augusto, isto é, o que a sorte, seus generais
E a corrupção dos romanos por ele fizeram. Apenas fragmentos
Copiados na obra de um outro, atestam
Grande arte do verso. Ela não compensava
O esforço de copiar longamente.

2

Com prazer leio
Como Horácio ligou a origem do verso saturnino
Àquelas farsas camponesas que
Não poupavam as grandes famílias, até que
A polícia proibiu canções maldosas,
Obrigando assim os insultadores
A desenvolver arte mais nobre
A insultar com versos mais sutis. Ao menos assim
Compreendo esta passagem.

UM FILME DO CÔMICO CHAPLIN

A um bistrô do bulevar Saint-Michel
Chegou, uma noite chuvosa de outono, um jovem pintor
Bebeu quatro ou cinco licores dos verdes e contou
Aos entediados jogadores de sinuca um perturbador reencontro
Com um antigo amor, um ser delicado
Agora esposa de um bem-sucedido açougueiro.
"Depressa, cavalheiros", suplicou ele, "por favor, o giz
Que usam nos tacos!", e ajoelhando-se no chão
Procurou, com mão trêmula, desenhar sua imagem
Dela, a amada de tempos idos, desesperadamente
Apagando o que desenhara, de novo começando
Mais uma vez interrompendo, misturando
Outros traços, murmurando: "Ainda ontem eu sabia".
Fregueses nele tropeçavam, maldizendo-o, aborrecido
O dono do local tomou-o pelo colarinho e arremessou-o fora
Mas incansável, na calçada
Sacudindo a cabeça, ele caçava com o giz
Os traços evanescentes.

1941-1947

E. P. ESCOLHA DE SUA PEDRA TUMULAR*

A produção de fósseis
É trabalho fatigante
E dispendioso. Cidades inteiras
Devem ser arrasadas
Por vezes em vão
Se a mosca ou o feto
Foram mal colocados. Além disso
A pedra de nossas cidades não é duradoura
E nem mesmo dos fósseis
Pode-se esperar que durem.

* E. P.: o poeta Ezra Pound. (N. do T.)

À NOTÍCIA DA DOENÇA
DE UM PODEROSO ESTADISTA

Se o homem indispensável franze a testa
Oscilam dois impérios.
Se o homem indispensável morre
O mundo olha em volta, como uma mãe sem leite para o filho.
Se o homem indispensável retornasse uma semana após a sua morte
Não se encontraria para ele, em todo o império, sequer uma vaga de
      porteiro.

O ESCRITOR SENTE-SE TRAÍDO POR UM AMIGO

O que a criança sente, quando a mãe vai com um estranho.
O que o carpinteiro sente quando lhe vem a vertigem, o sinal da idade.
O que o pintor sente, quando o modelo não mais aparece e o quadro
    está inacabado.
O que o físico sente, quando descobre o erro bem adiante na cadeia de
    experiências.
O que o piloto sente, quando sobre as montanhas cai a pressão do
    óleo.
O que o avião, sentisse, sente, quando o piloto guia bêbado.

ORGULHO

Quando o soldado americano me contou
Que as alemãs filhas de burgueses
Vendiam-se por tabaco, e as filhas de pequenos-burgueses por
          chocolate
As esfomeadas trabalhadoras escravas russas, porém, não se vendiam
Senti orgulho.

1947-1956

OS AMIGOS

A mim, o teatrólogo
A guerra separou de meu amigo, o cenógrafo.
As cidades em que trabalhamos já não existem.
Andando pelas cidades que ainda existem
Digo por vezes: aquela peça azul de roupa
Meu amigo a teria colocado em lugar melhor.

O OUTRO LADO

Em 1934, no oitavo ano da guerra civil
Aviões de Chiang Kai-chek lançaram
Sobre o território dos comunistas
Panfletos onde colocavam a prêmio
A cabeça de Mao Tsé-tung.
Previdente
O estigmatizado Mao, em vista da falta
De papel, e da abundância de ideias
Fez juntar aquelas folhas impressas
De um só lado, e as fez correr entre a população
Com coisas úteis impressas no lado limpo.

ALÉM DESSA ESTRELA

Além dessa estrela, pensei, nada existe
E ela está tão devastada
Ela somente é nosso abrigo, e
Olha o aspecto dele.

PERCEPÇÃO

Quando retornei
Meu cabelo ainda não era grisalho
E fiquei contente.

Os trabalhos das montanhas deixamos para trás.
Diante de nós estão os trabalhos das planícies.

TOMA LUGAR À MESA

Toma lugar à mesa, não a preparaste?
A partir de hoje também usará o vestido aquela que o costurou.
Hoje, às doze horas do meio-dia
Começa a idade de ouro.

Nós a iniciamos por considerar
Que estais cansados de construir casas e
Nelas não morar. Achamos que
Agora quereis comer o pão que cozinhastes.

Mãe, teu filho deve comer.
A guerra foi cancelada. Pensamos
Que gostarias assim. Por que, perguntamo-nos
Adiar mais ainda a idade de ouro?
Não vivemos para sempre.

UMA NOVA CASA

De volta, após quinze anos de exílio
Mudei-me para uma bonita casa.
Minhas máscaras Nô e meu pergaminho mostrando o Cético
Pendurei aqui. Andando entre as ruínas
Sou diariamente lembrado dos privilégios
Que me trouxe esta casa. Espero
Que ela não me faça indulgente
Com os buracos em que vivem tantos. Sobre
O armário com os manuscritos ainda está
Minha mala.

AO ATOR P. L. NO EXÍLIO*

Ouve, nós te chamamos de volta. Expulso,
Agora deves retornar. Da terra
Onde uma vez correram leite e mel
Foste expulso. És chamado de volta
À terra destruída. E nada mais
Temos a oferecer, senão
Que precisamos de ti.

Pobre ou rico
Doente ou são
Esquece tudo
E vem.

* P. L.: Peter Lorre. (N. do T.)

OS MESTRES COMPRAM BARATO

Os figurinos e cenários do grande Neher
São feitos de material barato:
De madeira, trapos e cores
Ele faz o casebre de pescador basco
E a Roma imperial.

Assim também minha amiga
De um sorriso que obtém à toa no mercado de peixes
E que distribui à vontade
Como escamas de peixe, faz um acontecimento
Que corromperia Lao Tsé.

CANÇÃO DE UMA ENAMORADA

Quando me fazes alegre
Penso por vezes:
Agora poderia morrer
Então seria feliz
Até o fim.

E quando envelheceres
E pensares em mim
Estarei como hoje
E terás um amor
Sempre jovem.

NUMA GRAVURA DE LEÃO CHINESA

Os maus temem tuas garras.
Os bons se alegram de tua graça.
Algo assim
Gostaria de ouvir
Do meu verso

A VOZ DA TEMPESTADE DE OUTUBRO

A voz da tempestade de outubro
Em torno da pequena casa nos juncos
Soa para mim como se fosse minha voz.
Confortável
Deitado na cama escuto
Sobre o lago e a cidade
Minha voz.

O PÃO DO POVO

A justiça é o pão do povo.
Às vezes bastante, às vezes pouca.
Às vezes de gosto bom, às vezes de gosto ruim.
Quando o pão é pouco, há fome.
Quando o pão é ruim, há descontentamento.

Fora com a justiça ruim!
Cozida sem amor, amassada sem saber!
A justiça sem sabor, cuja casca é cinzenta!
A justiça de ontem, que chega tarde demais!
Quando o pão é bom e bastante
O resto da refeição pode ser perdoado.
Não pode haver logo tudo em abundância.
Alimentado do pão da justiça
Pode ser feito o trabalho
De que resulta a abundância.

Como é necessário o pão diário
É necessária a justiça diária.
Sim, mesmo várias vezes ao dia.

De manhã, à noite, no trabalho, no prazer.
No trabalho que é prazer.
Nos tempos duros e nos felizes.
O povo necessita do pão diário
Da justiça, bastante e saudável.
Sendo o pão da justiça tão importante
Quem, amigos, deve prepará-lo?

Quem prepara o outro pão?

Assim como o outro pão
Deve o pão da justiça
Ser preparado pelo povo.

Bastante, saudável, diário.

DAS *ELEGIAS DE BUCKOW*

>Viesse um vento
>Eu poderia alçar vela.
>Faltasse vela
>Faria uma de pano e pau.

A TROCA DA RODA

Estou sentado à beira do caminho.
O condutor troca a roda.
Não gosto de estar lá de onde venho.
Não gosto de estar lá para onde vou.
Por que olho a troca da roda
Com impaciência?

O JARDIM DE FLORES

Junto ao lago, entre pinheiro e álamo
Protegido por muro e sebe, um jardim
Tão sabiamente formado com flores mensais
Que floresce de março a outubro.

Aqui, cedo, de vez em quando me sento
E desejo também poder, sempre
Em todas as estações, boas e más
Mostrar isto ou aquilo de agradável.

A SOLUÇÃO *(1953)*

Após a revolta de 17 de junho
O secretário da União dos Escritores
Fez distribuir comunicados na Alameda Stálin
Nos quais se lia que o povo
Desmerecera a confiança do governo
E agora só poderia recuperá-la
Pelo trabalho dobrado. Mas não
Seria mais simples o governo
Dissolver o povo
E escolher outro?

GRANDE TEMPO, DESPERDIÇADO

Eu sabia que cidades eram construídas
Não fui até lá.
Isto pertence à estatística, pensei
Não à história.

Pois o que são cidades, construídas
Sem a sabedoria do povo?

MANHÃ RUIM

A bétula, uma beldade local
Hoje uma megera. O lago
Uma poça de água usada, não tocar!
As fúcsias sob a boca-de-leão vãs e baratas.
Por quê?
Esta noite, em sonho, vi dedos apontando para mim
Como para um leproso. Estavam consumidos e
Estavam quebrados.

Inscientes! gritei
Consciente da culpa.

DIA QUENTE

Dia quente. Sobre os joelhos a pasta
Estou sentado no pavilhão. Uma canoa verde
Aparece através do salgueiro. Na popa
Uma freira gorda, gordamente vestida. À sua frente
Um senhor em roupa de banho, um padre provavelmente.
Nos remos, remando com todo o vigor
Uma criança. Como nos velhos tempos, penso eu
Como nos velhos tempos!

A FUMAÇA

A pequena casa entre árvores no lago.
Do telhado sobe fumaça
Sem ela
Quão tristes seriam
Casa, árvores e lago.

FERRO

No sonho esta noite
Vi um grande temporal.
Ele atingiu os andaimes
Curvou a viga
A feita de ferro.
Mas o que era de madeira
Dobrou-se e ficou.

PINHEIROS

Na alvorada
Os pinheiros são de cobre.
Assim os vi
Há meio século
Há duas guerras mundiais
Com olhos jovens.

O MANETA NO BOSQUE

Banhado de suor ele se curva
Para pegar o graveto. Os mosquitos
Espanta com um movimento da cabeça. Com os joelhos
Amarra a lenha com dificuldade. Gemendo
Se apruma, ergue a mão
Para ver se chove. A mão erguida
Do temido Guarda SS.

REMOS, FALAS

É noite. Passam
Duas canoas, dentro
Dois jovens nus: lado a lado remando
Falam. Falando
Remam lado a lado.

LENDO HORÁCIO

Mesmo o dilúvio
Não durou eternamente.
Veio o momento em que
As águas negras baixaram.
Sim, mas quão poucos
Sobreviveram!

SONS

Mais tarde, no outono
Os álamos prateados abrigam bandos de gralhas.
Mas durante todo o verão ouço apenas
Estando a região sem pássaros
Sons que vêm de homens.
Não tenho objeção.

HA! HA! HA! RIRAM OS CLIENTES DE SÓCRATES

Ha! Ha! Ha! Riam os clientes de Sócrates
Mas um dos três Has
Deu-lhe o que pensar.

A pirâmide de Quéops tem onze erros
A Bíblia incontáveis
E a física newtoniana
É cheia de superstição.

Os casais de namorados voltando do cinema
Poderiam ensinar isso ou aquilo
A Romeu e Julieta
E o pai de Azdak*
Surpreendeu o filho muitas vezes.

* Personagem da peça O *Círculo de Giz Caucasiano*. (N. do T.)

PRAZERES

A primeira olhada pela janela de manhã
O velho livro de novo encontrado
Rostos entusiasmados
Neve, a mudança das estações
O jornal
O cão
A dialética
Tomar banho, nadar
Velha música
Sapato confortável
Perceber
Nova música
Escrever, plantar
Viajar
Cantar
Ser amigo.

O CÃO

Meu jardineiro me diz: o cão
É forte e astuto e foi comprado
Para guardar o jardim. Mas o senhor
Criou-o como amigo dos homens. Para que
Recebe ele sua comida?

NÃO NECESSITO DE PEDRA TUMULAR

Não necessito de pedra tumular, mas
Se necessitarem de uma para mim
Gostaria que nela estivesse:
Ele fez sugestões
Nós as aceitamos.
Por uma tal inscrição
Estaríamos todos honrados.

E EU SEMPRE PENSEI

E eu sempre pensei: as mais simples palavras
Devem bastar. Quando eu disser como é
O coração de cada um ficará dilacerado.
Que sucumbirás se não te defenderes
Isso logo verás.

QUANDO NO QUARTO BRANCO DO HOSPITAL

Quando no quarto branco do hospital
Acordei certa manhã
E ouvi o melro, compreendi
Bem. Há algum tempo
Já não tinha medo da morte. Pois nada
Me poderá faltar
Se eu mesmo faltar. Então
Consegui me alegrar com
Todos os cantos dos melros depois de mim.

SE FÔSSEMOS INFINITOS

Fôssemos infinitos
Tudo mudaria
Como somos finitos
Muito permanece.

CRONOLOGIA DA VIDA E DA OBRA DE BRECHT

1898   10 de fevereiro: nascimento em Augsburg, no sul da Alemanha. Filho de Berthold Brecht, funcionário e depois diretor de uma fábrica de papel, e de Sophie Brecht, nascida em Brezing.

1904   Escola primária (*Volksschule*).

1908   Escola secundária (*Realschule*).

1914   Publica os primeiros trabalhos no jornalzinho da escola e no suplemento literário de um periódico local: poemas, artigos e um drama intitulado *A Bíblia*.

1916   Manifesta-se contra a guerra, numa redação escolar; é ameaçado de expulsão. Amizade com Georg Pfanzelt (Orge) e Caspar Neher, o futuro cenógrafo.

1917   Termina o secundário. Matricula-se no curso de medicina em Munique.

1918   Presta serviço militar como enfermeiro num hospital de Augsburg. Conhece Lion Feuchtwanger, romancista, e Johannes Becher, poeta. Escreve *Baal*.

1919   Escreve crítica de teatro. Trabalha com o cômico Karl Valentin. Tem um filho com a namorada Paula Banholzer: Frank. Escreve *Tambores na Noite*.

1920   Morte da mãe. Viagem a Berlim.

1921   Nova viagem a Berlim. Amizade com o dramaturgo Arnolt Bronnen.

1922   Estreia de *Tambores na Noite* em Munique. Recebe o Prêmio Kleist pela peça. Casamento com Marianne Zoff.

1923   Nascimento da filha Hanne. Estreia de *Na Selva das Cidades* em Munique, de *Baal* em Leipzig. Conhece Helene Weigel. Golpe fracassado de Hitler, em Munique: Brecht se encontra entre os primeiros, numa lista de pessoas a serem detidas.

1924   Encena sua versão da *Vida de Eduardo II*, peça de Christopher Marlowe. Mudança para Berlim, onde se torna dramaturgo do Deutsches Theater de Max Reinhardt (até 1926). Nascimento de Stefan, filho de Brecht e Helene Weigel. Conhece Elisabeth Hauptmann, sua colaboradora para o resto da vida.

1925 Trabalha na peça *Um Homem é um Homem*. Escreve a Bernard Shaw, parabenizando-o pelos 70 anos de vida. Amizade com o boxeador Samson-Korner e com o pintor George Grosz.

1926 Lê *O Capital*, de Karl Marx. Vê *A Corrida do Ouro*, de Charlie Chaplin. Estreia de *Um Homem é um Homem*. Organiza a primeira coletânea de poemas, o *Manual de devoção de Bertolt Brecht*. Conclui *O Casamento do Pequeno-Burguês*, iniciado em 1919.

1927 Apresentação da *Pequena Mahagonny*. Separação de Marianne Zoff.

1928 Estreia e grande sucesso da *Ópera dos Três Vinténs* em Berlim. Brecht ganha o primeiro prêmio num concurso de contos, com "A besta". Lê *Ulysses*, de James Joyce.

1929 Conhece Walter Benjamin. Casa-se com Helene Weigel. Apresenta *O Voo de Lindenbergh*, com música de Paul Hindemith.

1930 *Ascensão e Queda da Cidade de Mahagonny* estreia em Leipzig. Nascimento da filha Barbara. *A Medida* (com música de Hanns Eisler) estreia em Berlim. Escreve *Santa Joana dos Matadouros* para Carola Neher. São publicadas as *Histórias do Sr. Keuner*, *A Exceção e a Regra*, *O que diz Sim e o que diz Não*.

1931 Férias no sul da França. Walter Benjamin mostra-lhe contos de Kafka. Escreve o roteiro do filme *Kuhle Wampe* (com a direção de S. Dudow). Em colaboração com outros, escreve a peça *A Mãe*, baseada em Maksim Górki.

1932 Amizade com Margarete Steffin. *A Mãe* é encenada. *Kuhle Wampe* é proibido, depois "liberado com cortes". Em maio, viagem a Moscou. Brecht, Elisabeth Hauptmann, Alfred Döblin e outros frequentam palestras do teórico marxista Karl Korsch. Em seguida reúnem-se no apartamento de Brecht, para discutir textos de Hegel, Marx e Lênin (de novembro a fevereiro).

1933 Os nazistas tomam — ou melhor, recebem — o poder. No dia seguinte ao incêndio do Parlamento Alemão (28 de fevereiro), Brecht deixa o país com Helene Weigel e o filho Stefan. Para em Praga, Viena e Zurique. Estada em Paris, onde George Balanchine apresenta o balé *Os Sete Pecados Capitais*, de Brecht e Kurt Weill. Vai para Copenhague, estabelece-se com a família em Svendborg, na costa dinamarquesa. Conhece a atriz Ruth Berlau.

1934 Walter Benjamin passa uma longa temporada em Svendborg. Viagem de Brecht a Londres. *Os Cabeças Redondas e os Cabeças Pontudas*. Publicação da coletânea *Canções, poemas, coros* e do *Ro-*

mance dos três vinténs, em Paris e Amsterdã. Colabora com revistas de refugiados. Escreve *Os Horácios e os Curiácios*.

1935 Viagem a Moscou. Os nazistas lhe cassam a cidadania alemã. Viagem a Paris, para o Congresso Internacional de Escritores. Viagem a Nova Iorque, para a estreia de *A Mãe*.

1936 Karl Korsch em Svendborg. Brecht torna-se coeditor da revista *Das Wort* (A palavra), publicada em Moscou.

1937 Escreve *Os Fuzis da Senhora Carrar*, que é encenada em Paris.

1938 Começa a trabalhar no romance *Os negócios do Sr. Júlio César* (não concluído). Cenas de *Terror e Miséria do Terceiro Reich* são apresentadas em Paris. Walter Benjamin em Svendborg. Brecht escreve *Vida de Galileu* (primeira versão).

1939 Vai para a Suécia. Morte do pai na Alemanha. Escreve *O Interrogatório de Lúculo*, *Mãe Coragem e seus Filhos*. Conclui os *Poemas de Svendborg*. Planeja exilar-se na América.

1940 Vai para a Finlândia, sempre fugindo dos nazistas. *O Sr. Puntila e seu Criado Matti*. *Conversas de Refugiados*.

1941 Com Helene Weigel e os filhos, mais Margarete Steffin e Ruth Berlau, foge para Moscou (morte de M. Steffin), de lá para Vladivostok, na Sibéria, onde toma o navio para a Califórnia. Estabelece-se em Santa Mônica, revê os exilados alemães. Recebe notícia da morte de Benjamin, que em setembro de 1940 suicidou-se na fronteira da França com a Espanha. *A Boa Criatura de Set-Suan*. *A Resistível Ascensão de Arturo Ui*. *Mãe Coragem* é encenada em Zurique.

1942 Encontra-se com Adorno, Horkheimer, Marcuse, Hanns Eisler e Schoenberg. Trabalha com Fritz Lang num roteiro para cinema.

1943 Estada em Nova Iorque, encontro com Karl Korsch e Erwin Piscator. *A Boa Criatura de Set-Suan* e *Vida de Galileu* são encenadas em Zurique. Escreve *As visões de Simone Machard* (com Feuchtwanger) e *Schweyk na Segunda Guerra Mundial*. Morte do filho Frank, soldado alemão na frente oriental.

1944 Escreve *O Círculo de Giz Caucasiano*.

1945 Trabalha com Charles Laughton na versão inglesa de *Vida de Galileu*. *Terror e Miséria do Terceiro Reich* é encenada em Nova Iorque com o título *The Private Life of the Master Race*. Começa a escrever uma versão em versos do *Manifesto comunista* (não concluída).

1946 Brecht planeja voltar à Europa: Eric Bentley, primeiro brechtiano da América, publica *The Playwright as Thinker* (*O dramaturgo como pensador*).

1947 *Vida de Galileu*, com Charles Laughton, encenada em Beverly Hills. Brecht comparece diante do "Comitê de Atividades Antiamericanas". Deixa os Estados Unidos, vai para a Suíça.
1948 Em Zurique, reencontro com Caspar Neher. Encenam *Antígona*, de Sófocles. *Première* de *O Sr. Puntila e seu Criado Matti. Pequeno órganon para o teatro*.
1949 Estabelece-se em Berlim. Encena *Mãe Coragem*. Funda o Berliner Ensemble com Helene Weigel. *Os Dias da Comuna. Kalendergeschichten* (contos). *O Preceptor* (versão da peça de Lenz).
1950 Obtém a cidadania austríaca.
1951 Ganha o Prêmio Nacional da RDA. Versão do *Coriolano* de Shakespeare. *Carta aberta aos artistas e escritores alemães*. Edição de *Cem poemas*.
1952 Encenações do Berliner Ensemble (*O Cântaro Quebrado*, de Kleist; *Urfaust*, de Goethe). Planeja uma peça sobre Rosa Luxemburgo. Adquire uma casa de campo em Buckow.
1953 Em março, morte de Stálin. 17 de junho: revolta dos trabalhadores em Berlim Oriental. Brecht envia uma carta ao presidente Walter Ulbricht, da qual somente a última frase é publicada. Escreve *Turandot, ou O Congresso dos Alvejadores*, e as *Elegias de Buckow*.
1954 O Berliner Ensemble passa a ocupar o teatro no Schiffbauerdamm; ganha o primeiro lugar no Festival de Paris, encenando *Mãe Coragem*. Brecht ganha o Prêmio Stálin da Paz.
1955 Novo sucesso do Ensemble em Paris, com *O Círculo de Giz Caucasiano*. Brecht escreve *Tambores e Trombetas*, versão de *The Recruiting Officer*, de G. Farquar.
1956 Fevereiro, viagem a Milão, para assistir uma montagem da *Ópera dos Três Vinténs*. Maio: passa dias no hospital da Charité, curando-se de uma gripe. 10 de agosto: participa pela última vez de um ensaio do Ensemble. 14 de agosto: morre de enfarte do coração.

ESTA EDIÇÃO

A seleção compreende 270 poemas, que devem equivaler a 25% dos poemas escritos por Bertolt Brecht — um cálculo apenas aproximado, e que não considera os muitos poemas e canções das peças. Estes não foram incluídos na presente edição, por motivos vários. Isto explica a ausência de um poema como "Os Amantes", da peça *Ascensão e Queda da Cidade de Mahagonny*.

Uma seleção de poemas pode seguir dois critérios: beleza ou representatividade. Esta seleção tentou conjugar os dois. Tratando-se de um poeta estrangeiro, porém, há um outro elemento em jogo: a tradução. Se o tradutor é quem seleciona, é inevitável que o seu julgamento sobre a "traduzibilidade" de cada poema — julgamento condicionado por seus recursos e limitações, ou pela ideia que tem deles — influa na seleção final. Assim se explica a ausência de um poema famoso como "A Lenda do Nascimento do Tao Te King", e de um número considerável de poemas formalmente perfeitos: eles dificilmente resistiriam à passagem para a nossa língua, ao menos pelas mãos deste tradutor. Que permaneçam na língua original, à espera de outro aventureiro com mais sorte ou talento.

Isto influi na representatividade (para não falar na beleza), porque, em Brecht, tema e técnica se relacionam. Os poemas de amor são muitas vezes rimados, de ritmos regulares; os poemas políticos são geralmente em versos livres e de ritmos irregulares; os poemas infantis são sempre rimados etc. Daí que a tendência, nas edições estrangeiras, é fazer ressaltar mais ainda a poesia política, em detrimento das outras "poesias" (caso extremo, dos mais de 40 sonetos que escreveu, apenas um foi incluído nesta edição); e fazer com que os poemas do exílio tomem espaço ainda maior que os poemas da juventude. O primeiro livro de poemas de Brecht, o *Manual de devoção de Bertolt Brecht* (1926), é precisamente o de maior exuberância formal. *Grosso modo*, pode-se dizer que seus poemas tornaram-se mais "pobres", depois que colocou seu talento a serviço da luta de classes. A referida tendência seria saudada por ele, que comparava desfavoravelmente o *Manual de devoção* com os *Poemas de Svendborg* (1939), considerando aquele uma expressão da decadência burguesa. (Algo que lembra o velho Tolstói convertido ao cristianismo, renegando suas obras-primas como arte degenerada.) De resto, Brecht publicou somente três coletâneas de poemas em vida. A maioria deles foi publicada postumamente. Brecht se dedicava acima de tudo ao teatro. Em sua oficina, poesia como tal era um subproduto.

A edição alemã utilizada foi: *Gesammelte Werke in 20 Bänden* [Obras reunidas em 20 volumes], Frankfurt, Suhrkamp Verlag, 1967; os poemas estão nos volumes 8, 9 e 10. Uma edição confiável, e que só não inclui os poemas eróticos, publicados recentemente.

Na presente edição brasileira, renunciou-se a um acompanhamento editorial na forma de notas, comentários etc. A cronologia pretende apenas fornecer um pano de fundo de informação biográfica, para que o leitor acompanhe as andanças de Brecht pelo planeta, relacionando as vivências de que falam os poemas com as vicissitudes do cidadão. Desejando mais informações, o leitor pode encontrá-las na infindável literatura sobre Brecht. O leitor que lê inglês pode se beneficiar da excelente edição inglesa (*Poems 1913-1956*, editada por John Willet e Ralph Manheim, Londres, Methuen, 1976, 654 p.). Ela contém 200 páginas de aparato editorial: introdução, notas sobre a gênese dos poemas, textos teóricos de Brecht sobre poesia, índices diversos etc. Além, claro, dos poemas: são 500, em traduções bem-cuidadas, feitas por muitas mãos. Em português podem ser lidos dois bons livros sobre Brecht, os de Martin Esslin e John Willet (ambos pela Zahar); e também *Brecht: vida e obra*, de Fernando Peixoto (pela Paz e Terra).

A tradução buscou recriar os ritmos e rimas do original. Dos poemas rimados, somente quatro não tiveram as rimas conservadas. Isto parece ir de encontro à concepção que Brecht tinha da questão:

> "Na tradução para uma outra língua, os poemas são prejudicados sobretudo pelo fato de se tentar traduzir demais. Deveríamos talvez nos contentar com a tradução das ideias e da atitude do autor. Aquilo que no original for um elemento da atitude de quem escreve, deveríamos tentar traduzir; não mais do que isso." (*Gesammelte Werke, Bd. 19, Schriften zur Kunst und Literatur 2* [Escritos sobre arte e literatura 2], p. 404).

Ocorre que em várias traduções suas ele fez mais do que isso...

Sobretudo, a tradução buscou preservar a concisão e a simplicidade brechtianas, a concretude dos objetos, a nitidez de contornos. Como descendente de camponeses, para ele pau era pau, e pedra, pedra.

Agradecimentos são devidos a algumas pessoas. Dieter Foehr tornou-se indiretamente responsável por esta edição — entre outras — ao fazer com que este tradutor aprendesse alemão, anos atrás (em sua sala, no Instituto Goethe de Salvador, havia um pôster de Brecht — isso também frutificou!). Ilona Jacobs e Henning Sohlmann foram sempre gentis, quando solicitados a esclarecer dúvidas no texto original. Antonieta Carvalho colocou gentilmente à minha disposição a edição das obras de Brecht utilizada na tradução.

Paulo César de Souza
Salvador, 15 de janeiro de 1986

P.S.: Nesta nova edição foram excluídos dez poemas da época da juventude; o volume passa a compreender 260 poemas, portanto. Além disso foram feitas algumas mudanças aqui e ali, atendendo sugestões de Alexandre Barbosa de Souza. (janeiro de 2000)

ÍNDICE DOS POEMAS

1913-1926

A árvore em fogo	9
A lenda da prostituta Evlyn Roe	10
Hino a Deus	13
"O Falladah, aí estás pendurado!"	14
Alemanha, loura e pálida	15
Salmos	
Canção vespertina do Senhor	17
Visão no branco	18
Balanço dos barcos	19
Canto de uma amada	20
A minha mãe	21
Também o céu	22
O nascido depois	23
Epístola sobre o suicídio	24
Não se deve ser crítico demais	25
Maria	26
Não digo nada contra Alexandre	27
O nó górdio	28
Sobre a mudança da humanidade para as grandes cidades no início do terceiro milênio	30
Essa confusão babilônica	31
O comunista teatral	33

Poemas do *Manual de devoção de Bertolt Brecht*

Apfelböck, ou o lírio no campo	37
A infanticida Marie Farrar	40
Da complacência da natureza	44
Da amabilidade do mundo	45
Subindo em árvores	46
Lista de preferências de Orge	47
A gente de Cortez	48
Recordação de Marie A.	50

Coral de ação de graças	51
Do pobre B. B.	53

1926-1933
Poemas de um manual para habitantes das cidades

1. Apague as pegadas	57
2. A quinta roda	59
3. A Cronos	61
4.	62
12.	63
15.	64
Trezentos cules assassinados depõem a uma Internacional	65
Canto das máquinas	66
O dinheiro	68
Esse desemprego!	69
Conselho à atriz C. N.	71
Canção de fundação do National Deposit Bank	72
Quem se defende	73
Quem não sabe de ajuda	74
Com cuidado examino	75
Canção do esporte	76
A primavera	77
Balada da gota d'água no oceano	78
Acredite apenas	80
O abrigo noturno	81
Eu, que nada mais amo	82
Soube que vocês nada querem aprender	83
De todas as obras	84
Sobre a maneira de construir obras duradouras	85
Não desperdicem um só pensamento	89
Os bolcheviques descobrem no verão de 1917, no Smolny onde o povo estava representado: na cozinha	91
A Internacional	93
Quando o fascismo se tornava cada vez mais forte	95
Cometemos um erro	96
Perda de um homem precioso	97
Por muito tempo procurei a verdade	98
Realizar algo de útil	100
Quando me fizeram deixar o país	101

Os esperançosos	102
O camponês cuida de seu campo	103
Meu tempo de riqueza	104
Ao ler "Meu tempo de riqueza"	105
Nossos inimigos dizem	106
Epitáfio 1919	107
Poema do soldado desconhecido sob o Arco do Triunfo	108
Canção do pintor Hitler	110
Aos combatentes nos campos de concentração	111
Ao camarada Dimitroff, quando lutou diante do tribunal fascista em Leipzig	112
Elogio do aprendizado	114
Elogio do partido	115
Mas quem é o partido?	116
Alemanha	117

1933-1938

A emigração dos poetas	121
O que corrompe	122
O vizinho	123
A cruz de giz	124
Exclusivamente por causa da desordem crescente	125
Notícia da Alemanha	126
Quando o crime acontece como a chuva que cai	128
De que serve a bondade	129
No segundo ano de minha fuga	130
O passageiro	131
Por que deveria meu nome ser lembrado?	132
Anos atrás	134
Para ler de manhã e à noite	135
Em tempos negros	136
A despedida	137
Citação	138
O Chanceler abstêmio	139
Sobre a violência	140
Sobre a esterilidade	141
O cordão partido	142
Começo da guerra	143
Ablução	144

Sobre os poemas de Dante a Beatriz 145
Poemas chineses
    Amigos 146
    A grande coberta 147
    O mercado de flores 148
    O dragão da lagoa negra 149
    Um protesto no sexto ano de Chien Fu 151
Notícia sobre um náufrago 152
Sobre a decadência do amor 153
Elogio do esquecimento 154

Dos *Poemas de Svendborg*

Cartilha de guerra alemã 157
Balada da "prostituta de judeus" Marie Sanders 161
Canções infantis
    O alfaiate de Ulm 163
    O menino que não queria tomar banho 164
    A ameixeira 165
Perguntas de um trabalhador que lê 166
A sandália de Empédocles 167
Visita aos poetas banidos 170
Parábola de Buda sobre a casa incendiada 171
Os tecelões de Kujan-Bulak homenageiam Lênin 173
A inscrição invencível 175
Carvão para Mike 176
Destruição do navio Oskawa pela tripulação 178
Os trabalhadores de Moscou tomam posse do grande metrô
    em 27 de abril de 1935 181
Rapidez da construção do socialismo 183
O grande Outubro 184
Aos que hesitam 186
Na morte de um combatente da paz 187
Conselho aos artistas plásticos, sobre o destino de suas obras
    nas próximas guerras 188
No nascimento de um filho 190
Epitáfio para Górki 191
Sátiras alemãs
    A queima de livros 192
    Dificuldade de governar 193

    Necessidade de propaganda 195
    Os medos do regime 198
    O que o Führer não sabe 200
    O judeu, uma desgraça para o povo 201
    O governo como artista 203
    Proibição da crítica teatral 205
Pensamentos sobre a duração do exílio 207
Local de refúgio 209
Expulso por bom motivo 210
Aos que vão nascer 212

1938-1941

Visões
    Parada do velho novo 217
    O parto da Grande Babel 218
Cartilha de guerra alemã (II) 219
A esperança do mundo 222
O povo é infalível? 224
Mau tempo para a poesia 226
Mau tempo para a juventude 227
A lista de necessidades 228
A fortaleza Europa 229
Sobre a Alemanha 230
Finlândia 1940 231
Poemas sobre o teatro
    Representação de passado e presente em um 233
    Sobre o julgamento 234
    Sobre o teatro cotidiano 235
    Sobre a imitação 239
    O teatro, casa dos sonhos 240
    O mostrar tem que ser mostrado 241
    A atriz no exílio 242
    A atuação de H. W. 243
    Maquiagem 244
    Corpo solto 245
    Espírito ausente 246
    Sobre a fala das frases 247
    Canção do escritor de peças 248
    Meu espectador 251

Acabou a peça	252
Procura do velho e do novo	253
Os requisitos da Weigel	255
Sobre a seriedade na arte	256
Facilidade	257
Ó prazer de começar	258
Sobre a atitude crítica	259
O cavalo de Ruuskanen	260
O lobo visitou a galinha	263
Em toda parte muito para ver	264
Poemas da coleção de Margarete Steffin	
Primavera de 1938	266
O ladrão de cerejas	268
1940	269
Ao pequeno aparelho de rádio	272

1941-1947

O tufão	275
Após a morte de minha colaboradora M. S.	276
Sobre o suicídio do refugiado W. B.	279
Cruzada de crianças	280
Refletindo sobre o inferno	285
A paisagem do exílio	286
Amigos em toda parte	287
Leitura de jornal ao fazer o chá	288
Verão de 1942	289
Hollywood	290
A máscara do mal	291
Cantar de mãe alemã	292
Gerações marcadas	293
As novas eras	294
Regresso	295
O aparelho de pesca	296
O juiz democrático	297
Regar o jardim	298
Romper do dia	299
Na manhã do novo dia	300
Sobre coisas lidas	301
Um filme do cômico Chaplin	303

E. P. Escolha de sua pedra tumular	304
À notícia da doença de um poderoso estadista	305
O escritor sente-se traído por um amigo	306
Orgulho	307

1947-1956

Os amigos	311
O outro lado	312
Além dessa estrela	313
Percepção	314
Toma lugar à mesa	315
Uma nova casa	316
Ao ator P. L. no exílio	317
Os mestres compram barato	318
Canção de uma enamorada	319
Numa gravura de leão chinesa	320
A voz da tempestade de outubro	321
O pão do povo	322
Das *Elegias de Buckow*	
A troca da roda	324
O jardim de flores	325
A solução	326
Grande tempo, desperdiçado	327
Manhã ruim	328
Dia quente	329
A fumaça	330
Ferro	331
Pinheiros	332
O maneta no bosque	333
Remos, falas	334
Lendo Horácio	335
Sons	336
Ha! Ha! Ha! Riram os clientes de Sócrates	337
Prazeres	338
O cão	339
Não necessito de pedra tumular	340
E eu sempre pensei	341
Quando no quarto branco do hospital	342
Se fôssemos infinitos	343

SOBRE O ORGANIZADOR E TRADUTOR

Paulo César Lima de Souza é mestre em História Social pela Universidade Federal da Bahia e doutor em Literatura Alemã pela Universidade de São Paulo. Publicou os livros: *A Sabinada: a revolta separatista da Bahia* (Brasiliense, 1987), *Sigmund Freud e o gabinete do Dr. Lacan* (coautor e organizador, Brasiliense, 1989), *Freud, Nietzsche e outros alemães* (Imago, 1995), *As palavras de Freud: o vocabulário freudiano e suas versões* (Ática, 1999) e *Sem cerimônia: críticas, traduções, projetos* (Oiti, 2000).

Traduziu *O diabo no corpo*, de Raymond Radiguet; *Poemas 1913-1956* e *Histórias do Sr. Keuner*, de Bertolt Brecht; *Ecce homo, Genealogia da moral, Além do bem e do mal, O caso Wagner, O Anticristo e Ditirambos de Dionísio, Aurora, Crepúsculo dos ídolos, A gaia ciência, Humano, demasiado humano* e *100 aforismos sobre o amor e a morte*, de Friedrich Nietzsche.

Mais recentemente, tem organizado e traduzido as *Obras completas* de Sigmund Freud para a Companhia das Letras: *"O caso Schreber" e outros textos (1911-1913), Ensaios de metapsicologia e outros textos (1914-1916), "O homem dos lobos" e outros textos (1917-1920), O mal-estar na civilização e outros textos (1930-1936), Psicologia das massas e análise do Eu e outros textos (1920-1923), O Eu e o Id, "Autobiografia" e outros textos (1923-1925), Totem e tabu, Contribuição à história do movimento psicanalítico e outros textos (1912-1914), Observações sobre um caso de neurose obsessiva ("O homem dos ratos"), Uma recordação de infância de Leonardo da Vinci e outros textos (1909-1910), O futuro de uma ilusão e outros textos (1926-1929), O delírio e os sonhos na* Gradiva *e outros textos (1906-1909)* e *Estudos sobre a histeria (1893-1895)*.

Este livro foi composto em Sabon, pela Bracher & Malta, com CTP e impressão da Edições Loyola em papel Pólen Soft 80 g/m² da Cia. Suzano de Papel e Celulose para a Editora 34, em julho de 2021.